14歳のキミに贈る
起業家という激烈バカの生き方

―負けろ！敗北が人生を変え新世界を創るから―

学習塾omiiko代表
起業家研究者
メンタルケアスペシャリスト
松井勇人 著

〈まえがきにかえて〉

この本は、自分自身の課題を見つけるために使って欲しいと思う

◆「どんな優れた才能や学問のある者でも、正しい道徳や行動がなければ、大した人物ではない」「尊ぶところは、正しい道徳であって才能ではない。正しい行動であって学問ではない」（吉田松陰）

◆「才能も学問もない者でも、正しい道徳や行いがあれば、立派な人物と言える」『孟子』

学習塾やってて言うのもなんだけど、まさにそのとおりだ。ぐうの音も出ねえ。

しかもだぜ、そんな松陰先生の下にいた塾生は、みるみる学力を伸ばしてった。藩校の試験を受けた時、全員最高評価だった！

「成功とか失敗とか、目に見える結果で人を判断しているようでは、リーダーとしては未熟」だとか。厳しいぜ！

じゃあよ、松陰先生は何を見てたかって言やぁ、「人としての道を重んじて、徳のある人かどうか」を見ていたっつうんだわ。

こうやって先生にあったかく見守られ、落ち着いて勉強に取り組むことができた松下村塾の塾生たちは、逆説的に学問にも優れてた。

見るべきものは道であって、結果じゃない。なんて暖かいんだろう。

西郷隆盛とか大久保利通を育てた薩摩の教育もおんなじだ。司馬遼太郎はそいつをこんな風に書いてる。

「少年教育の目標は学問を高めるというものではなく、心のさわやかさをもって第一とし、臆病をもってもっとも卑しいものとし、勇強を尊ぶがしかし弱者や年少者へのいたわりのないものを軽蔑した」

松陰先生らが見た「道」ってこんな感じのものだったんだと思うぜ。

ちなみに今でも薩摩（鹿児島県）じゃぁ、次の３つの教えが大事にされてるんだわ。

・負けるな
・嘘をいうな
・弱い者いじめをするな

俺思うだけん、「負けるな」つっても「他の奴に負けるな」って言ってるわけじゃないわ。

俺の塾にゃあ50点満点のテストで2点とか3点とか取ってくる奴らがまあまあいる。

そりゃ全員にイイ点取って欲しいぜ。だけん闇雲に勉強強要したってだめだわ。

確かにそいつらは勉強出来ん。だもんで死ぬほど苦しがってる。でも、進学校行く奴と同じ課題が出来なきゃダメだって考えちゃいかんのよ。

中学3年だろうが、分数とか割り算とか小数の掛け算とか、そいう「そいつ自身の課題」を見つけて解かないかん。あいつらは死ぬほど屈辱感じてるぜ。

超苦しいのは分かる。だもんで、マラソン大会のラストの方で苦しんでる奴らを励ますみたく、勉強の最中に声かけて背中を押すのよ。

俺だって同じだに。課題だらけなんだわ。今日実は、ある生徒らの英語の音読テストがあったダよ。だもんで、昨日の授業で当然、音読の練習やった。

でさ、その様子やつらのお母さんに見せたかったもんでスマホで動画撮ったんだわ。したら生徒Aがよ、録画開始すぐに教科書読むふりして「ちん〇」って言いやがったわけ。もち、ちゃんとした音読もその後しただけんな。

俺はその下ネタが面白かったもんで、ちゃんとした音読動画を含めて全部の動画をそいつのお母さんとお兄さんに送ったのよ。したらそいつブチ切れよ。

「今日塾行かん」って言いだした。だもんでラインで謝ったわけ。

これって負けてるじゃん、俺の方が。だけんよ、俺自身の課題には負けてないのよ。生徒とコミュニケーション取るために自分の落ち度を見つめて、俺に出来ることやってる。まぁ、カッコ良くは無いけんな。

ちなみによ。「徳」とか「道」って難しそうな話に聞こえるけん、全部、人の和を強く出来るかどうかって話だぜ。そいつが「徳」とか「道」だわ。話の分かる奴こそが最強だって考え方なんだわ。でよ、自分の課題を見つけて、自分自身とコミュニケーション取れりゃ、松陰先生の塾生みたく勉強くらい出来るようになる。人とも上手行く。

『嫌われる勇気』で有名になったA.アドラー博士は「全ての悩みは人間関係の悩みだ」って言ってる。

「自分自身の課題見つけて刈り取る」のが悩みを解決させる基本よ。課題に勝つためにゃ、逆に人に「負け」にゃぁいかん時もあるぜ。ただ、そいつが怖いもんで課題を見つめられんだけんな。

自身の課題を「逃げ惑うべき魔物」じゃなくて、「狩るべき獲物」にしろ。

じゃあ、どうすりゃあいいか？

「敗北」にこそ、そのヒントがあるわけだけんがさ、それがクソほど難しいもんで本書かせてもらったわけだわ。

目次見てもらえりゃ分かるけん、この本、超沢山の「章」で出来てるじゃん。実は章じゃなくって「勝」とかなってるけん、気にしんでな。洒落だぜ、洒落。わかってくれや！

一応、前から順番に読んでもらいたいだけん、短い章はそれ自体、独立した読み物みたくなってる。だもんで気になったとこだけ読んでくれてもいいに。

あと、本読んでる途中で疲れてきても、短い章の終わりまで読んで後から好きな時に読み始められるようになってるでね。

フォント（文字のデザイン）もＵＤデジタル教科書体っつう識字障害の人でも見やすいのにしてもらったので、読みやすいに。


最後に、人と優劣を競うんじゃなくて、人と一緒にいるために自分自身にどんな規範を課すのか。この本を読んでくれるんなら、そんな自分自身に課すべき規範・要約について徹底的に考え抜いて欲しい。君は自身を磨き上げるために、どんな哲学を自らに課すのか？　自分自身が従うべき、自分自身が創った思想と。…まあ、そんな堅苦しくしちゃいかんか。

人に負けて、逆に自分自身の課題の首を刈り取ってやれや！　肉食で行こうぜ、肉食!!

それでは、楽しんでその狩りへお出かけください。

２０１９年６月吉日

松井　勇人

第0勝　はてしないまえがき

第1勝　助けなくちゃいけない

第2勝　スティーブ・ジョブズより凄い奴ら

第3勝　エピファニー、困窮する起業家を救う転換点

第4勝　生きる意味のつくり方
絶対分かってもらうための、全てのカウンセリングの基盤『現象学』

第5勝 どうしたら愛せるんだ!!

第6勝　愛とエピファニーは違うぜ

第0勝

はてしないまえがき

〈第0勝　0節〉

「僕はいてもいなくても関係ないと思う」

「必ず彼を再生させる」


「今日学校で一日中、誰とも喋らずに終わってしまった」

「僕はいてもいなくても関係ないと思う」

これは、ある不登校の生徒、Aさんが語った実際の言葉です。

この日、僕はこんなメモをとったんだ。

> 蟻地獄みたいな孤独な感じ。無価値って観念に囚われてて、頭から払しょく出来なくなってる。この状態で登校するのはめちゃくちゃ難しいだろうな。行けたとしてもすぐにもとに戻っちゃいそうだ。成績は悪くない。なのになんで自分に価値が無いと思うのか？

生徒Bさんのお母さんから電話をもらった。こんな話だったんだ。

「最近学校に行けていないBが、家からいなくなってしまった」。

Bさんは程なく見つかったんだ。そしてその日、塾に来て話してくれた。

「僕は今、何か大切にしていることで、全敗してると思う。なにで負けてるのかは分からない」

Ｂさんは学期末テストで学年最下位。だけどコミュニケーション能力はとっても高くて、ＩＱや認知能力に問題なんかないと僕は思う。

いつもとっても元気な生徒Ｃさん。だけど、今日突然泣き出したんだ。
「いつも疲れちゃってる。だから宿題すぐに済ませて寝ちゃおうと思ったのに、お母さん、新しい問題集やれやれって言ってくる。無理なのに。無理だよ」

現代の教育に照らしてみても、親御さんたちは全く間違っていない。規律を持って生きなければいけないという思いとか、学問を修めなければいけないという愛情とか。それらは勿論大切なことだ。

困り果てて支援施設等に相談に行かれる親御さんもいるんだけど、ほとんどの方が原因不明って言われて帰って来る。そこで見てもらうものはいつも認知やＩＱのスコアだったりする。

僕も何をすればいいのか全く分からないけど、とにかく話してみることにしてる。そうすると光が見えてくることがある。
「歳の下の子たちや、困っている友達に優しくしてあげてるんです。あの子は」。「私がどう思うか、常にそれを考えて言葉を選んでくれます。時々感情が決壊することはあるとしても」

規律にとても厳しいBのお母さんは、Bさんの調子が悪くなってきてから、胸が熱くなるほど優しくなられたんだ。

Cは今日、僕に色々なことを教えてくれた。それは多分、一流予備校のカリスマ教師でさえ全く気付けていなかったような、教育手法に関するとてつもない真実。

保護者さんも生徒さんも、誰も何も悪くなんてない。僕だって学問を修めることは何よりも重要だと信じてる。研究者を名乗る者の端くれだから、〝これだけは譲れない〟ってほど、強く思ってる。ただ現代の教育、そこには明らかに間違った点がある。

生徒も親御さんも、僕自身にしても、まさに眠れない程に頭を悩ませる。非常に心ある専門家の方からさえ「原因不明でどう解決すればいいか分からない」と言われてくる。

そんな中だけど、話さえ通じればブレークスルーが起きるんだ。これには必ず一つのパターンがある。

大人って生徒さんたちを教える立場、規律を守らせ育てる立場にあるよ。だけど、いつ飛躍が起こるかって言うと、〝立場が上の〟その僕たちが、生徒達から「どれだけ凄まじいものを、〝受け取っている〟のか」について思いを馳せることが出来た時。その時必ず飛躍が起こってる。[※1]

世の中の進歩は目覚ましすぎる。学ばないといけないことが指数関数的に増加してる。だから僕自身も躍起になって生徒達に知識を詰め込んでる。

会社も同じなんだ。高度化する世の中に対応しなきゃいけないから、あり得ない程に仕事量が増加してるんだ。社員さんたちも今の生徒さん達と同じように、恐ろしいほどの仕事を強要されてる。それでいつしか限界を迎えるようになった。

耐えきれなくなった数多くの人たちが、ニートや引きこもりとして生きざるを得なくなった。

僕自身もかつて、耐えられなかった側なんだ。

なんで復活出来たのかっていえば、立派に自立している尊敬する仲間ができて、僕の価値を受け入れてもらったからだ。カウンセリングの神さま、C・ロジャーズが言ったみたいに、自失から自立へと至る道は受容されることにあった。※2

だけどそれは敗北者の敗北をそのまま許してあげることじゃない。そうじゃなくって、敗北者「から」どれだけ学ぶことが出来るか。そちら側にある。強者の側こそが、〝施されているなにか〟に対して覚醒すべきだ。それなくして運命の転換はあり得ない。

その後、生徒のBさんはこう言った。

「僕は完全に負けてる。だけど命で負けているわけじゃない」

「だって命に勝ち負けはあるの？」


今の教育は、この洞察を示す方に「学年で最も劣った者」と烙印を押してる。教え込むこと、施すことばかりに気を取られて、いつしか「自分たちがどれほど素晴らしいものを受け取っているのか」、関係性の根本、礼について蒙昧になってしまったんだ。だから、Bさんの価値が分からない。

（Bが描いた絵。1年以上、絵をかけることを隠していてある日突然描いてくれた）

キミたちも含めて、僕たちは受け取っていることに積極的である必要がある。確かに普通は与えていることばかりに思いが行っちゃう。

「こんなにしてやったのに」

「俺がどれだけ凄いと思ってるんだ」

「なんで認めないんだ」

って。だけどそんなものはエゴとか欲望にすぎないよ。そりゃあ欲望も必要な時もあるよ。だけど、もらっているものをしっかり感じ取れなきゃ、欲望に歯止めが利かなくなっちゃう。

永遠に満足できない人になっちゃう。人に勉強や仕事を無限に押し付ける人になっちゃう。居場所がない？　お前が悪いんじゃない。相手に礼がなければ、どんな奴にだって居場所なんてあるはずがない。

これ以上、〝どれだけ与えているか〟を誇ろうとして焦燥・疲弊する必要はない。どれだけ与えられているかに礼をこめて、心を暖めればいい。

〈第0勝　1節〉
世界を反面教師にしろ

内面に思いを馳せた後は外の世界、世界に目を向けてみるな！

自由って誰にも認められてる。だけどどんな自由でも認められてるわけじゃない。なんでこんな話をしだしたかっていうと、ある生徒さんが「勉強勉強って言うけどそんなの自由じゃない。それに何で俺がタバコを吸う自由を侵害するんだよ！」って結構本気で怒りだしたことがあるんだ。確かにこれは極端だし、めちゃくちゃだ。でも、「勉強するのもしないのも、俺の自由だろ？」ってことなら誰だって思うことがあるよな。

じゃあ、そもそもどんな自由なら認められるんだろう？

例えば今から僕が突然、「キミを殴るからな！」って言い出したらおかしい。そんな自由は認められてないに決まってる。なんでか？　だってどの社会にも自分勝手（エゴ）を追求する自由はないから。

当たり前だと思うよな。だけど残念ながら、この当たり前のことを分かってない人の方がはるかに多いんだ。

じゃあ、どんな自由なら認められるんだろう。自分勝手過ぎなければいいかな。それとも人の迷惑にならなければ何でもいいのかなあ？

僕はこう思う。

どうやったら人とうまくやっていかれるか。協力の形を探る自由だけが人には与えられている。実は経済でも同じこと。経済って言ったら難しいような気がするかもしれないけど、一言で言えばこんな感じのものだ。

「人にはそれぞれ得手不得手がある。得意なものを活かしあって、協力すれば世の中は良くなる」

根本はこれだけ。「協力さえ出来れば世界は良くなる」。これが経済。簡単だ。

それでここでちょっと、コラムを聞いて欲しいんだ。協力の経済について、ジンメルっていう超すごい社会学者が書いてる。『貨幣論』[※3]っていう本が、めっちゃ良いヒントになるんだ。

じゃあ行ってみよう！

今、ビットコインなんかの仮想通貨が出て来て、世界ががらりと変わろうとしてる。確かに新しいのもいい。けど、ここの話はそれじゃない。「そもそも、お金ってどんなものなの？」っていうお金の根本の話なんだわ。

もう一回、経済の原点に戻ってお金のことを考えなくっちゃいけない。

なんでかっていうと、今、世界を見渡してみても「お金ってどんなものなのか」、そのことが分かってる人がほとんどいないと思ったから言うんだ。

経済＝お金、って思われてるくらい、お金って大切なものだ。お金が何なのか誤解されたまんまだと、絶対、経済が良くなることなんてない。

次のコラムは冗談っぽく書いてるけど、結構な真実に迫ってるぜ。じゃあ、見てみてください。

【コラム】僕の考えた馬鹿経済論！

ジンメルの『貨幣論』とか、アダムスミスの『道徳感情論』[※4]がなんつったかっていうと、「経済って労働で成り立ってて、労働って犠牲の産物である」って言ってた。確かにその通りだわ。働くことって大変だし。

だもんで、お金を見たら〝働いてくださった方々の犠牲〟が頭に浮かんで来なけりゃいかん。お金が「犠牲」の象徴になってなくっちゃ、労働とか経済って回らんっつ〜こっちゃな。

だけん今のお金って、どう見たって欲望を数値にしたもんだわな。だもんで値札を見ると、煩悩ばっかり湧いて来る。欲望丸出しだよな、値札って。「100円」ってあったら「安っ！！！欲しい」。「1億円」ってあったら「高ぁ！！！欲しい」だし。

お金ってほとんど「経済」と同じ意味じゃん。だもんでホントは、お金ってジンメルとかA．スミスが言ったように犠牲を数値化させたもんじゃないといかんじゃないの？ どうなるかっつうと、値段見たら、「ありがたや、ありがたや」って思うようじゃなきゃダメだよな。

値札見たら、「おふだ」見たみたいに煩悩退散するようじゃないとだめじゃねーの？

それは冗談だけん、マジな話、金（ゴールド）っつー、めったにない希少金属みたいなもんを基盤にしてお金を作ったのがそもそもの敗因だろ？　金（ゴールド）ってそもそも奪い合うものだもんで、そんなもんを基盤にお金作ったら、値段が欲望の数値になっちゃうに決まってるら？

希少なものに対して、欲望っていう際限のないものをぶつけてるだもんで、おかしくならんわけないら？

ゴールドっつ〜「奪い合うもの」に基盤を置いたら超絶に大失敗した。だって今、世界ってどんどん悪くなっちゃってるじゃん。

「奪い合うもの」でダメだった。じゃあどうすりゃあいいだかなあ？　逆に「与え合うもの」に基盤を置かんといかんだら。

具体的にどうかはわかんないけど、理論的には「犠牲」を想起させることができさえすりゃあ、経済が回るはずだわ。

じゃあ、普通に、「与えてもらったもの」を数値化すりゃあいいだかなあ。

「今日、こんだけお母さんにいいことしてもらった。だもんで、８９００円の価値あったわ」って。やってもらったことを値札に起こす。

まあ、もともとそれって、プライスレス（値段がつけられんもの）だもんで、値付けの仕方を工夫しんといかんのは確かだろな。バカのマーケティングが求められる。俺らの出番だわ！

「ありがとう」とか「お願いします」とかの、アドラー心理学でいうアイメッセージ（I message）って、恥ずかしくて言いにくい。だけん、「今日、8900円分サンクス」なら言えるかもしれん。数字ってまあまあドライだし。

そんで、8900円分もらったら、自分の出来るもんで8900円返すようにする。これも相手が値段を決める。

例えば、母ちゃんがこう言うわけだ。

「おお、今日、タブレットの使い方教えてもらったよな。ありがとう3000円分だわ！」とか言うわけ。売りつけるものに値段をつけるんじゃなくて、もらったもんに値段をつける。で、お金を回してく。

おお「！」これなら犠牲も一目瞭然やん。そんなら経済まわるはずだわ！　バカは世界を救う。ジンメルとアダム・スミスが夢にまで見た世界じゃねこれ!!

仕事と犠牲を評価して値札つけるもんで、欲望の値札と違って「人の仕事」のこと無視しない。今は人の仕事のことを無視するもんで、ブラック企業が社員さんを奴隷みたいに働かせてる。「上の俺らだけが儲かればいいら？」って。
欲望って限りなく増殖しちゃう。だもんで、欲望を数値にした今のお金だと収まりがつかなくなって、破綻しちゃう。（これについては第1勝をみてくれよな！）だけんよ。お金が〝労働と犠牲〟っつ～地面に根ざしてりゃあ硬いわぁ、経済回せるわ。間違いない！　こいつなら経済になるわ。これ、マジで地球救うんじゃね（笑）
これならブラック企業とかもありえへんわ。そもそも仕事、ないがしろにせえへんもん。ブラック企業って全部お金のせいだよな。
今の経済って、欲望のお金のせいでできちゃったんだわ、考えてみりゃ。俺なんて、1日16時間働いて月収8万円だったもん。やばっ！　リアルに奴隷だと思ったね（汗）
実際のとこ、どうなんだろ？　もっと考えんといかんけど、これマジでいい線いってると思うぜ。

コラムの続き：世界の半分を創ったマルクス。超天才はここを間違えた！
【注意！　このパート、激難だもんで、覚悟してな。難関大学入試レベルだわ。つか飛ばして読んでも意味わかるで！】

右のコラムの最後の方は2割くらい冗談だけど、資本主義（お金最高っていう今の世の中）の何が間違ってるかっていうのは、マルクスがどこで間違ったかを考えると良く分かるんだわ。カール・マルクス[※5]は『資本論』を書いた巨星。この本はまるで宗教の教典のように学者に読み込まれた社会主義理論体系の根本なんだ。こいつが社会主義の礎を作った。この『資本論』、どんだけ凄いか言わせてくれ[※6]！

その凄さは、たかだか一人の人間が机上で作った研究。こいつが世界の半分を創ったことにある。マジで。どういうことか？

社会でもう習ったかもだけん、ちょい前まで世界って西側と東側に分かれてたじゃん。西側が資本主義（アメリカ・日本・イギリス…）で、東側が社会主義（今のロシアがメインのソ連・中国・北朝鮮…）だよな。

ソ連が崩壊して社会主義って自滅したってされた。だから今は西と東の二つの極だけじゃなくって多極化したって言われてる。だけん、今でも結構、西側世界と東側世界って残ってるら？アメリカ（西）と中国（東）が仲悪いとか、韓国（西）と北朝鮮（東）が争ってるとか。

その東側の世界、世界の半分になった社会主義の世界を創ったのがマルクスの『資本論』なんだわ。だもんで、いまだかつて彼を超える研究者はいない。あたりまえか！

だけん、この史上最強の大研究『資本論』。世界の半分を作ったこの研究は間違っているって俺は思う。どこを間違ったか？？？

マルクスはこの本の最初の最初で「価値」ってそもそも何なのかってことを語ってる。こいつが間違ってたんだ。マルクスは「価値」を全部、「自分の外部にあるものを蓄積すること」にあるって考えた。

これって単純に、いいモノ沢山持ってる奴は凄い、金持ちは偉いってことを言ってる。マルクス自身、経済には犠牲が大切だってことは分かってた。どういう風にか？

彼は価値を二つに分けて考えた。使用価値と交換価値だ。ジンメルやA．スミスが喝破した「労働が払う犠牲」を含んでいる価値のことを「使用価値」。

で、お母さんが作ってくれたご飯って価値あるじゃん。そういう〝使う人が感じる〟価値に「使用価値」って名前を付けた。

それで「交換価値」って、言ってみれば「お金」と同じことなんだわ。お母さんのご飯とお金の価値って違うら？

そういう価値を分けて考えたんだ。頭いいよな！

でもマルクス自身は「資本論」で、交換価値だけを考察してく。「使用価値は考えなくてもいい」って言うんだ。

なんでか？　ここが超難しいところなんだわ。

なんでかって言ったら、使用する価値のあるものだけが交換される。だから、交換価値って、使用価値を抽象化したものになる。それゆえマルクスは、交換価値って「犠牲」を含んでるって言うんだ。

だから、交換価値だけ考えてゆけば使用価値を考える必要などないって言ってるんだわ。

難しい。だけん、経済学ってこんな感じだ。数学っぽい。

ただ言ってみると、「お金にだって人の犠牲のこと、ちゃんと組み込まれてるよ。お金だって人間っぽいんだぜ」ってことだ。

だけど柳田國男が『明治大正史』[※7]で言ってるけど、現実世界は全くそんな感じになってないわけだ。

柳田はこう言ってる。

「婦女の勤労が、今とは全く異なる評価法に支配せられていた時代には、彼らはその生涯の記念塔を刻むような情熱を持って、神と男たちの衣を織るべく、一線ずつの苧《お》を繋いでいたのであるが……」

……これを市場で売りに出すようになると、二束三文の価値にしかならなかった。お母さんの夕飯も多分高く売れない。だけど価値がある。そいつと同じだよな。

高く売れるものだけが価値がある。この資本主義の考え方って明らかに間違ってるわけだ。価値ってそんなもんじゃない。そりゃそうだけん、マルクスは気づかなかった。超大天才のくせになあ。

じゃあどこが違うんだろ？　マルクスはどこを間違えたか？

『資本論』のパート1、第1パラグラフを見てみるぜ。そこには「資本主義の世の中で、豊かさって、商品を沢山持っていること」って書いてある。

そして第2パラグラフには、「商品って我々の外部に存在するものだ」って書かれてる。


そもそもこの辺りがおかしい。もし価値が「犠牲」を含んでるんなら、それって人の内部にも存在するもののはずだ。それなのにマルクスは「価値は全部外にあるものだ」って前提で『資本論』の全てを考えたんだ。

人の内側にある価値を完全に見落とした。まさにこの単純な考察がなかったもんで、経済って非人間的なものに鋳造されちゃったんだ。

そもそも外部のものを欲しがるって、エゴそのものだよな。

釈迦はこう言ってる。

――「外の世界を欲するということは、『牛飼いが他人の牛を数えている』――のと同じくらい意味がありません[※8]」

自分の外にあるもの「だけ」に価値があるってしたもんで、価値と欲望が一緒のものになっちゃったんだ。外を支配するんじゃない。自らの内を支配した時にはじめて「価値」に犠牲が伴うようになるんだ。

今、二宮尊徳とか吉田松陰って起業家にめっちゃ人気が出てる。松陰先生たちが求められる理由ってここにあるんだわ。

A．スミスやジンメルが言ってるみたいに、経済って犠牲で成り立っている。だけど今、「お金」って言ったら「欲望」と同じ意味だよな。[※9] 犠牲でしか成り立たない経済を欲望で回そうとしている。そんな方法で社会が成り立つはずがないわ。

例えば、ジニ係数って経済用語をほんのちょいだけ紹介させてくれ。社会の不平等さを示す数値で、0.1とか0.2とかの数字であらわされるんだわ。でジニ計数が0.4を超えると社会騒乱がめっちゃ起こっても不思議じゃない。危なっかしいわけ。

そんで今、世界のジニ係数は入手可能な最新データ（2005年）で0.68なんだわ。ヤバすぎでしょ？（これについては、もっとしっかり書かせてもらうね。）

それじゃあ、本当に世界ってヤバい？　数値なんて机上の空論かもしれん、嘘くさくない？

池上彰さんの言葉を聞いてみよう。池上さんはめっちゃ誠実な方で、社会を煽ることを決してして来なかったんだ。もし誰かが「社会が滅亡する」って言ったら気にしちゃうじゃん。だもんで本が売れるじゃん。でも池上さんはそんな風な目立ち方なんかせずに、ずっと誠実な議論を続けてきたんだ。

その池上さんが今の世界をどう捉えてるか。彼の2018年11月の最新刊[※10]、第3章のタイトルは実に「これは戦争の予兆か？」になってる。そこで池上さんはロシアの軍事演習が戦争につながる懸念とか、中国とインドの戦争（中印戦争）の危機について語っている。

その内容は、まさに鮮烈だった。中印戦争に関してはこうしてる。「一帯一路」っていう世界制覇の戦略を急激に進める中国。

対するは、昔起こった中印戦争でトラウマを負ったインド。怖いからインドは積極的な核開発を進めたんだ。それで今、「十三億の人口を持つ中国と、十二億人の国民がいる大国が、どちらも『軍事衝突をおそれず』と宣言する事態」になってしまった。池上さんはそう報告してるんだ。

だもんで、この大国同士って、いつ戦争になってもおかしくない。

ＴＩＭＥ[※11]誌には、「世界のリーダー達は分裂し、世界を再び戦争状態へと引き戻す」ってタイトルが躍った。

フランス大統領のマクロンが「真正欧州陸軍（true European Army）」のプランを発表して、中国、ロシアに対しての脅威、そしてそれだけじゃなくってアメリカからの脅威にも備えるべきだって言ったからだ。

アメリカも自国優先主義に走ってヨーロッパを煽りに煽りまくる。


ここで話を戻そう。

確かにそれでも戦争は起こらないかもしれない。だけど、外の世界の制御。これを無限に欲する限り、世界に平穏は訪れない。

自己を発見しエゴを制御する。世界がそちらの方向に動かねば、大戦は避けられない。

「価値」を外在化させてしまったこと。ここに全ての失敗の原因があった。

そうじゃない。「価値」を「自らの内」へと取り戻す。すなわち「犠牲」に価値を認めること。

回らない経済を回る経済へと回帰させる方法は、そこにしかない。

『異邦人』[※-2]の中でアルベール・カミュはこう回想している。

「私が自由を学んだのはマルクスの中ではなかった。私は自由を、たしかに貧困の中で学んだ」

「私の少年期を支配していた美しい太陽は、私からいっさいの怨恨を奪い取った。私は窮乏生活を送っていたが、また同時に一種の享楽生活を送っていたのである。私は自ら無限の力を感じていた。……この力の障害となるのは貧困ではなかった。アフリカでは、海と太陽とはただである。さまたげになるものは、むしろ偏見と差別とかにあった」

…【コラム】と【コラムの続き】で、なんかいろいろ言ったけど、まとめるとこれだけだ。

【言いたかったこと】
経済の仕組みはこうだ。
・経済＝労働＝犠牲
だけん、現実世界じゃあこうなっている。
・経済＝お金＝欲望
「犠牲」だけが経済を回せるのに、今の世の中って「欲望」で経済を回そうとしちゃってる。犠牲と欲望じゃあ、全く逆の代物だよな。だもんで、そんな経済が上手く行くわけないんだわ。

じゃあどうするか？
もうちょい後の方でライフアントレプレナーって人達を詳しく紹介する。人生を賭けてやるべきことを事業にしてる奴らのこと。

その人たちはトラウマを克服した時に、「自分らはどう生きるか？」ってことに目覚めてる。だから、進んで自分を犠牲に出来るんだ。哲学ではそれを、〝実存的に目覚める〟って言う。だけん、悲しい人生を送るわけじゃないよ。全く逆。どうしてもやりたいこと、やらなきゃならないことを仕事にしてるから、人生を超楽しんでる。

だもんで、その人たちが世界の主役にならないと経済が回ることはないわけだ。この本はそんなライフアントレプレナーを紹介して、そんな人になるための本でもあるのよ。

〈第0勝　2節〉
世界は第三次大戦の瀬戸際？

第0勝1節で見たみたいに、経済の根本は次のこれだけだった。「協力さえ出来れば世界は良くなる」。これが経済だ。で、0勝2節のコラムで協力の経済のためには「犠牲」を評価しないといかんことが分かった。

でも現実はどうか。トランプさんは「米国第一主義」つまりアメリカさえ良ければいいって言ってる。環境問題関係なし。経済も、全部自分達優先だ。

これって実はアメリカだけじゃない。世界中で極右（極端に言えばヒトラーみたいな感じの政治家たち）が急激に勢力を増強させてるんだ。

例えばこんなニュースを見てほしい。

2015年12月には、フランスで行なわれたある選挙で、マリーヌ・ルペン党首の極右政党・国民戦線（FN）が得票率トップの28%を獲得した。さらに17年の大統領選では、そのルペン氏がもう少しで大統領になるところだった。

自分の利益のために戦争を起こしかねない人がトップに立とうとしてる。

東京外国語大学大学院総合国際学研究院の渡邊啓貴教授は「デンマークでは国民党、ノルウェーでは進歩党、フィンランドでも真正フィン人党など、排外主義（自分たち以外を排除しようとする）を掲げるポピュリズム勢力が議席を少しずつ伸ばしています」と指摘してる。※1-3
オーストリアでも、16年、遂に「極右」大統領がEUに誕生かという瀬戸際まで追い込まれた。17年末には「極右の意見にいいなりの政権が誕生」と雑誌に出た。※1-4
こういった自分しか認めない排他主義の人たちって、自国の利益になることだけしか追求しない。だから国同士が対立しちゃうんだ。結果、戦争までのチキンレースをすることになる。

これが何に似てるかを考えてみてほしい。歴史の授業でやったやつだ。

これって、第二次世界大戦が起こる前とほとんど同じ形なんだ。自国の利益を守るために他国を締め出す、つまり他国をブロックして生き残りをはかったのがブロック経済。

そして今、アメリカは、関税（他の国からの輸入品にかける税金）をめっちゃ高くしたり、メキシコとの国境に巨大な壁を作ったりして、他国をブロック。自分の国の産業だけが潤うようにしてる。

例えば外国から輸入される鉄鋼にめっちゃ税金をかけて高くする。そうするとアメリカの会社はアメリカで作られた鉄鋼を買うようになるよね。

有名なところだと、ラストベルトって呼ばれる、中国なんかに負けて仕事がなくなっちゃった工業地帯では、これまで失業者やホームレスの方々があふれてたんだ。だけど、トランプさんの政策で仕事が戻ってきて潤うようになった。選挙に勝てるようにそうしてるわけ。

(ちなみにラストベルトのラスト「rust」って英語で錆びって意味。仕事がなくなって工場とか機械とかが錆びちゃったから、そう呼ばれるようになったんだって。池上彰さんが講演会で言ってた)

一見いいようにも見えるよね。ラストベルトも動き出して、機械の錆が取れたりしてる。

でもちょい待って。

〝自分のとこだけ良ければいい〟って考えだから、他の国はすごく困る。アメリカに売れないってことは、これまで売っていた他の国の産業が潰れるってことだから。

で、第二次世界大戦も、そんな自分本位が高じて勃発している。他国をブロックして自分だけいい目を見れるようにしたから起こった。

最近、韓国に制裁を発動した日本にも思いを馳せてみてくれ。同じじゃんな。

こんなふうに、学問をすると未来が見えるんだ。今回みたいに、やばい未来が見えれば回避する策を打てる。だから勉強するんだ。

でだ。世界って全然発展してない。なんでだ？　簡単だ。協力せずに自分だけ良い目を見ようとしてるから。エゴで世界が発達するはずがないのにな。

じゃあどうやったら協力できるようになるのか。この本の重要な結論を先に言っちゃうよ。

これは簡単。

「負ければいい」

もちろんこれだけじゃ意味不明だ。後でしっかり説明させてもらうで！

でも負けることって難しいんだ。だってキミだって「あいつにはどうあがいてもかなわない」って認めることは嫌なはず。

だけど『嫌われる勇気』で有名になったA．アドラーは「負けを認められないことこそ全ての心の病の源」だって言ってる。※1-5「シュタイナー教育」で世界的に有名なシュタイナーもそうだ。

じゃあどうやったらいいいんだろう。

さらに疑問が出てくるはず。「そもそも負けって何なんだ?」って。

これについてはアドラー自身ですら解答をしてない。でも、作家のよしもとばななさんはこう言ってる。

[※-6]「気持ちのいいことや楽しいことだけ書いて、それを読んでも自殺は止まらない。苦しみとか、苦痛とか、同じものが入ってないと、本の中に。におわしてあるだけでも書いてないと、人間は絶対に救われない」

気持ちを重ねることで、人は救われる。救われるってことは問題が解決する。問題が解決するってことは、負けられたってことだ。負けを認められれば心の病は快方に向かう。これが敗北の力だ。

じゃあまとめさせてもらうぜ!

> 頭を下げろ。礼を身につけ教えを請え。人は敗北以外から学ぶことはない。

〈第0勝　断節〉
負けろ！　絶望が新世界を創るから

これから起業家の話をさせて欲しい。何故かって言えば、彼らは人間関係の達人だから。これは超重要だでね。

アドラーなんか「全ての問題は人間関係の問題だ」っていってるほどだもんな！　でも起業家って言っても、テレビに出てくるような、一部のエキセントリックな性格の起業家じゃない。本当の人格者。

世の中を良くしようと本気で取り組んでいる方たちの話。

結構な人が驚くんだけど、起業家ってかなり多くの人がトラウマを背負ってるんだ。僕は沢山の起業家と友達にさせてもらって、ある時気付いたよ。

起業家がトラウマを克服して、自分の人生を生き始める時、協力を一番大事にして事業を始めるって。

普通、会社の経営って戦争に例えられるんだ。どうやって勝ち抜くか、そればっかりを考える。「戦略」が大切だって。人を出し抜くことさえ必要だって。

戦争から着想を得て考えられたこと、それが「戦略」だよな。これまで企業経営って、戦略を立てて相手を出し抜くものだって思われてきた。

でも、僕が会った起業家は全く違った。経営者なのに、普通言われてるみたいに競争や戦略を一番大事にしちゃいない。

協力や共鳴なんだ。彼らが大切にしているのって。

例えば僕の友人、経営者の望月徹さんは、障碍者の師匠に恩返しをするために、車いすの方々が楽しくいられる、スペースのたっぷりとした居酒屋を経営するようになった。

お店に入れるお客さんの人数が少なくなるけど、望月さんにとっては儲けよりもそっちの方が※1-7大切なんだ。

他にもこんな方がいる。

「あなたって経営者失格だよ!!」と、ある女性の従業員に言われて、ほかの全従業員にも退職されちゃった社長。佐藤英太郎さんって経営者がいる。

英太郎さんも人に助けてもらって立ち直ったんだけど、カウンセリングを経営に導入した。

ちなみに、英太郎さんに影響されて、僕は「絶対に会社を始めよう」と思ったんだ。

さらにそれだけじゃなくて、英太郎さんは「女性が自立できること」を経営で一番大事にするようになったんだ。売り上げは英太郎さんにとって一番重要なことじゃないんだ！　会社を経営してるのにだよ。

お金は一番じゃなくて2番目に重要な事だと決めた。

そんなんで儲かるのかって心配だよね。だけどそうした友達の起業家の事業、めっちゃ順調なんだ。

トラウマに突き動かされたそんな〝悲しみの起業家〟達は、人に思いを重ねてもらうことで再起するんだ。敗北を心に刻んで、「人に奉仕する」

そこを原点として事業を展開。だから協力の経済を創れるんだ。

普通、ベンチャーって、独占してとてつもないお金を儲けようとするよね。

結構有名な話だけど、今世界で最もお金を持っている個人の上位8人は、地球に住む下から36億人の人たちと同じ資産を持ってるんだ。

そんな超超超お金持ち、フェイスブックやアマゾンの創業者さんたちって確かにみんなの憧れだぜ。だけど彼らに憧れる人のほとんどは、勝利、つまり「俺は誰よりも偉いんだ！」ってエゴむき出しの気持ちを原点としている。

だからエゴの経済を創っちゃう。勝っちゃだめなんだ。負けて人に奉仕する。そのとき人は、人とつながれる。

敗者になること。

僕たちはどうしたら敗者になれるのか。

この本では遥か昔に忘れられてしまった「敗北の価値」を発掘したいと思う。でも、敗北って、悲しいだけじゃない。俺の友達の起業家は全員、沢山の人たちと繋がっていて、本気の本気でとってても幸せだ。

悲しみには向こう側、彼岸がある。それさえ見えれば、「敗北の価値」を、それが君の奥深くに埋もれていたとしても必ず見つけられる。

〈エピファニーを得た起業家　ケースNo.1　ヤンキー起業家　望月徹氏〉

株式会社エクサス　代表取締役社長　昭和50年生まれ（後段敬称略）訪問介護ステーション、居宅介護支援施設、静岡市認可保育園、居酒屋経営。

学歴は中卒、女にもてるためにバイクレーサーになり、カネが好き。暴走族から誘われてバイクを飛ばしたこと多数。そんな経歴からどのような人物を想像するだろうか。しかしレッテルというものはいつも陳腐なものだ。彼は単なる無法者ではない。是非このケースを最後まで読み、望月という人物を良く知ってほしい。彼の話す言葉には十分それだけの価値がある。

15歳7か月から21歳1か月までオートバイレーサーだった。

レーサーになった当初はアルバイトもしていたが、稼ぐようになると年１５００万円稼ぐこともあった。

試合に勝つとレースクイーンからの誘いも凄い。目的だった「カネと女を手に入れること」は達成したと言ってもいい。しかし21歳になる手前に「見えてきた」と望月は語る。バイクレーサーとしての自分の限界が見えてきたのだ。オーストラリアに

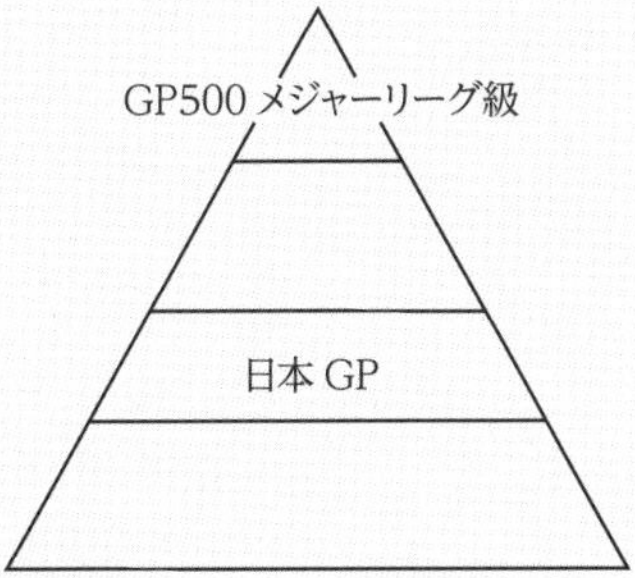

3か月間のバイクのリーグがあり、ここを通るとトップの仲間入りとなる。

このリーグに挑戦し、自分を試そうと思った。そしてチャンピオンになったらレースを続けよう、準優勝なら辞めようと決心する。結果は3位。「準優勝すら無理だった」

ノリックの愛称で知られた阿部典史。

彼にはスポンサーが即座に付き、天才の名を欲しいままにした。阿部と同い年だった望月はその活躍が口惜しかった。しかもレースには裏がある。

望月は「そのあたりの峠を走っている走り屋も、世界のトップレーサーも腕に大差はない」と語る。ただしトップランクで走るコツを身につけられる講座を受けることが出来た

者、法外な金を払って受講できる奴らだけがトップに立てる。腕の差はたったそれだけで決まる。

勝てば有能なメカニックも付く。すると異次元のレベルでのレースが可能になる。そうした講習やメカニックも、結局カネが無ければ始まらなかった。

望月が走っていた日本グランプリと、世界のトップのGP500とでは前頁の図のような差がある。世界を目指した望月のオートバイレースの戦いは若くして閉じられることになった。

日本に帰ってから、何をやるか考えた。居酒屋でもやろうと思いアルバイトの面接に行った。採用された店舗は築地にある東銀座の料亭だ。料理長は悪しき飲食業界の慣例通り、なにも働かない人だったが、ナンバー2に可愛がられた。

たまたまオートバイレースが好きな方だったことが幸いする。ただ半年で経営が傾き店を改装、居酒屋になる。料理長は辞職した。だが多くのメンバーは残り、そこで修行することになる。何よりカウンターで客と話すのが楽しかったという。

4年目に30席程度の店舗の店長に就任。そこで経営の面白さを知り、経営者になりたいと感じた。当初3店舗だった会社は、その後ハワイやニューヨーク、北海道、九州、大阪などにも展開。30店舗ほどになった。

その会社の経営者はタレントの加護亜依さんの元夫だったが、実際には専務が取り仕切っていた。

その後、ある人に会い、年収一千万円を稼ぎたいと話すと「そんなもんでいいんだ？」と焚き付けられる。望月氏はそれを「種をまかれた」と表現する。

「飲食店でなければもっと稼ぐ手もある」「会社を起こしたいなら営業をやれ」と言われリフォームの会社に引き抜かれることになった。トップを取ったら会社をやってみろと、未来を指さされた。

リフォームの営業はバイクレースと似ていた。どんどん順位を上げていく感覚だ。立川支店では年収８００万円。埼玉の戸田支店では１５００万円。とんとん拍子に成績を伸ばしていった。

だが、池袋の支店長になった時には３００万円まで下落。部下を多く持ったのだが、当初は部下の働かせ方が分からなかった。年収３００万円だが、実際は半年間タダ働きだったという。騙されたとさえ思った。

池袋で、自分で営業して客を取るのではなく、他人に取らせなければならないことを学んだ。経営者は業績と一心同体。レーサーと同じだった。

経営に携わってからは、部下に売らせる方法、売れない人に売らせる仕組みをとことん考えることになる。結果、3年10か月で支店間競争トップの成績に躍り出た。

だがそこでも起業しなかった。先の社長が望月のもとにやってきて「リフォーム業は甘いぞ。公共事業の営業をやってみろ」と挑戦状を突きつけてきたからだ。営業で一番きついのが公共事業のそれだという社長の考えからだ。

そしてそこでトップを取ったら起業しろと言われた。

(藤枝駅南公園の遊具の一つ)

千葉県の会社に配属になる。通常、公園をつくるのには3年の期間がかかる。そのため種をまいて実になるのは3年経た後だ。

しかし望月は補正予算で作られる公園ならば急遽出来上がることに目を付けた。そこに営業をかけたのだ。

そして、1年目、通常1000万円の売り上げがあればよいという所に、望月は5000万円の売り上げを創った。

その後、業績が悪かった静岡事務所に派遣される。1億円の売上がなければ存続が危うかったのだが、3年続けて2億の売り上げを創った。藤枝駅南公園に納入した2500万円の遊具の事はまだ覚えているという。

そして36歳11か月目に起業。職人上がりのためこだわりがあり、人の心理について思う存分研究をした。その結果得られた結論はこうだ。

世の中のほとんどの人は、尻を叩かれないと仕事しない。ほとんどの人は、生き方を決められていることで、しっかりと仕事をするようになる。ならばそのための、褒められる状態や自信が出てくる仕組みを作ればいい。

つまずく人というものは、いつも同じ場所でつまずく。望月はそれについて敢えて教えない。自分で気づかせるのだ。ただし問題意識を与えることはする。縛るところは縛り、息抜きするところは息抜きをさせる。

望月は3：10：60：27の法則というものを信じている。

「3人は成功している人」
「10人は上手く行っている人」
「60人は普通の人」
「27人は上手く行っていない人」
という割合が必ずあるという法則だ。甲子園でもその上のプロ野球でも、その上のメジャーリーグでも上手く行っている人とそうでない人の割合はこの割合だという。

さらに、自分自身の中でも上手く行く日、普通の日、上手く行かない日はこの割合だという。営業結果でも同じだと述べる。上手く行って調子づいているときでも27％の確率で不意打ちが来る。

望月は居酒屋の店長だった時から悪い時のことを考え、27％に入った時にはわざと皿を割って憂さ晴らしをしていた。氏の興味深いところは、それを店舗の営業に組み入れたことだ。

どういうことか？　つまり、憂さを晴らしたい居酒屋の顧客に、故意に皿を投げ割らせたのだ。専用のスペースを作り、頭に来る奴の名前を叫びながら、皿を大きな岩に叩き付ける。「○○、死ね!!」。これはなかなかの評判を呼び、テレビなどでも大きく取り上げられたこともあるため、「知っている」と言ってくれる人にも多々会うという。

彼は人を導く手法を４種類に分類している。

一つ目はレベルを一定水準まで引き上げるティーチング。

二つ目は落ちてしまったレベルを元の水準まで戻すカウンセリング。

三つ目はある水準から次の水準にまで引き上げるコーチング。

四つ目はある水準にまで引き上げ、そこから自分の意思を発揮させるコンサルティングだ。そしてすべてを使い分けることが出来る人を「メンター」と定義する。そのように彼はマネジメントを行ってきた。そして起業家とは「人参を自分でぶら下げることが出来る人」だと述べ、「人参をぶら下げてもらう人は従業員」だと言う。

意欲旺盛、いかにもアスリートのメンタルを持った望月だ。ただし心に想っている人がいる。脳性麻痺の方だ。彼は働きたくても働けない。

人には4つの幸せがあると望月は考える。

褒められること、

愛されること、

人の役に立つこと、

人に必要とされること。

望月はこの4つの幸せ、全てを得ることが出来る環境にいる。しかし、その障碍者の方と出会った時、なにか自分が頑張ってこなかったような気分に晒された。

女性にモテようと必死になって会社をしている最中に、その方との出会いを果たした。まさに人生の転換点。

望月はコルドという居酒屋も経営していた。そこは車いすの方々が打ち上げすることを目的に立ち上げた場所だ。障碍者の方々と北海道や広島に旅行に行き、一緒に酒を酌み交わした。

彼らが気分を発散する場所が少ないことに気付いた。モテることではなく、脳性麻痺の方のために頑張ることに動機が変わる。今は、社会貢献を何より重視する。海外にも視察に行った。そこで日本と海外の「貧乏」におかしな違いがあることに気づく。海外の方は仕事が無くて貧乏だが、日本人は仕事があるのに貧乏。そんな矛盾にだ。おかしい。

「あなたは幸せですか?」そんな国連の調査では、アフリカで70%の人が幸せだと述べたが、日本は25%。どこかおかしい。

望月は語る。「コミュニケーションのスキルを高めながら、4つの幸せを満たすことが一番の幸せ」。このシンプルな理論を拡散させる。するとみんなハッピーになれるから。

この実現にも先ほどの27%の法則が威力を発揮する。障害雇用の人々は息抜きの27%を意図的に組み入れないと悪循環に陥ることを発見した。

障害のある方々は人の気持ちに特に敏感で、他人の悪意をすぐに見抜き、仕事が出来なくなってしまうためだ。意図的にマイナスを表に出させる。悪さに目を据える、望月らしい「悪者」ならではの手法だ。

昔から変わらない思いもある。それは、「全ては相手の心を開かせるかどうかで決まる」ということだ。女性にモテることも、営業も、居酒屋も、介護も同じ。

成功する理由は極めてシンプル。「心を開かせられるかどうか」この一点のみにある。

ただ同時に、自分を時代に合わせて変えていかねばならない変化の激しい道でもある。「変わらない『道』に居続けるために、自分は全力で変わり続けるんですよ」。望月はそう語る。

メリッサ・グラブナーはM&Aにおける裏切りの研究を行った。[※1-8]

そこでは例え自分が相手を信じていても、相手が自分を信じていない場合には裏切りが起こることが明らかにされた。こちらから心を開くだけでは十分ではない。心を開かせなければ社会には反故が生じ、循環してゆかないのだ。

望月は人の心を開かせることに無心になってきた。ただし、彼を目覚めさせたのは金や地位や名誉とは関係のない、人間存在の尊さを確信させられたある障碍者との出会いだった。今、望月がなぜ人の心を開かせられるのかと問われれば、それは彼の持つ社会性故にという答えになろう。

望月は施設の利用者に心を開いてもらうため、従業員たちと真剣に漫談「すべらない話」を作ることもある。また自分の感情を伝えるための表情の作り方にも大いに気を配っている。

カール・ロジャーズは『治療的パーソナリティ変化のための必要十分条件』という論文で、6つの条件を提示している。

その6つ目の条件を要約すると、「セラピストの積極的な関心が最低限クライエントに伝わっていること」となる。

V・フランクルも『死と愛』でこう述べる。「精神分析を用いれば、医学を用いれば、人を治癒できるわけではないことなど、それらの道の専門家であれば誰でも知っている。必要なのは、患者ときちんと向き合うこと。それでしか治療は行えないのだ」。

そうした力が発揮され、今、望月の会社は介護関係の会社としては最高ランクの報酬を出すことが出来ているという。

望月は今も多くの人の相談に乗っている。学生からの相談も多数。女性関係をはじめとした人間関係のつくり方から、悪い先輩との関係の切り方まで。断ることがコミュニケーションの重要な側面であることもある。

駿府学園という少年院で講演もした。悪循環を断ち切り、良い循環を創る。一人の障碍者が望月の社会性を目覚めさせ、彼の火のような情熱は一つの方向性を得ることとなった。

ライフアントレプレナー・望月徹。彼は今後、さらなるアイデアを抱きながら多くの善循環を産み出してゆく。

第1勝

助けなくちゃいけない

〈第1勝　1節〉
こんなにも普通に生きることが難しい

キミは敗者になろうと思ったことはあるか？　あるわけない。だって、どう考えても勝者の方がカッコいいから。起業家の世界だってそうだ。17兆円持ってるアマゾンの創業者ジェフ・ベゾス。新世代の覇者だ。みんなこうなりたいに決まってる。

だから「勝ち組に乗れ」って結構言われるよね。そりゃそうだ。みんな金持ちになりたいもんね。

でも変なことが起こってる。世界のお金持ち8人は、全世界の貧しい方から半分の人、36億人全員の全財産を合わせたのと同じお金を持ってる。

もともとはそんな馬鹿なことはなかったんだ。でも今は「格差社会」なんて言われてるように、格差がとてつもない勢いで広がってる。

アメリカでは2013年、公立高校に通う生徒さんの半分以上が貧困層[※1]になってしまったほどなんだ。

33歳の若さで8兆円の資産。フェイスブック創業者のマーク・ザッカーバーグ!!
flickerより。商用可能画像をいただきました。
https://www.flickr.com/photos/donkeyhotey

それだけじゃない。日本で生活保護を受けている人たちの数は、２０１５年に２１６万に達してしまった。２０００年の１０３万人から倍増している。

かつて僕（１９７４年生まれ）が学生だった頃、日本は「一億総中流社会」って呼ばれてたんだ。誰もが普通の生活が出来る社会。世界に誇れる社会だった。今はどうか？次の頁にこんな統計がある。

「普通の生活ができる人々」がどんどん減ってしまってる。逆に「大変苦しい」生活をさせられている人がすごい勢いで増え続けている。

「大変苦しい」生活の人が「普通」の生活の人を逆転してしまいそうだ。

次頁のグラフを見れば、それは時間の問題にすぎないことは明らかだ。日本は今、「一億総中流社会」なんかじゃなくなった！

さらにこれだけじゃない。世界を見てみよう。ちょっと難しい言葉を紹介させてくれ。経済

生活意識別世帯数の構成割合の年次推移
（国民生活基礎調査・1986~2015 年）

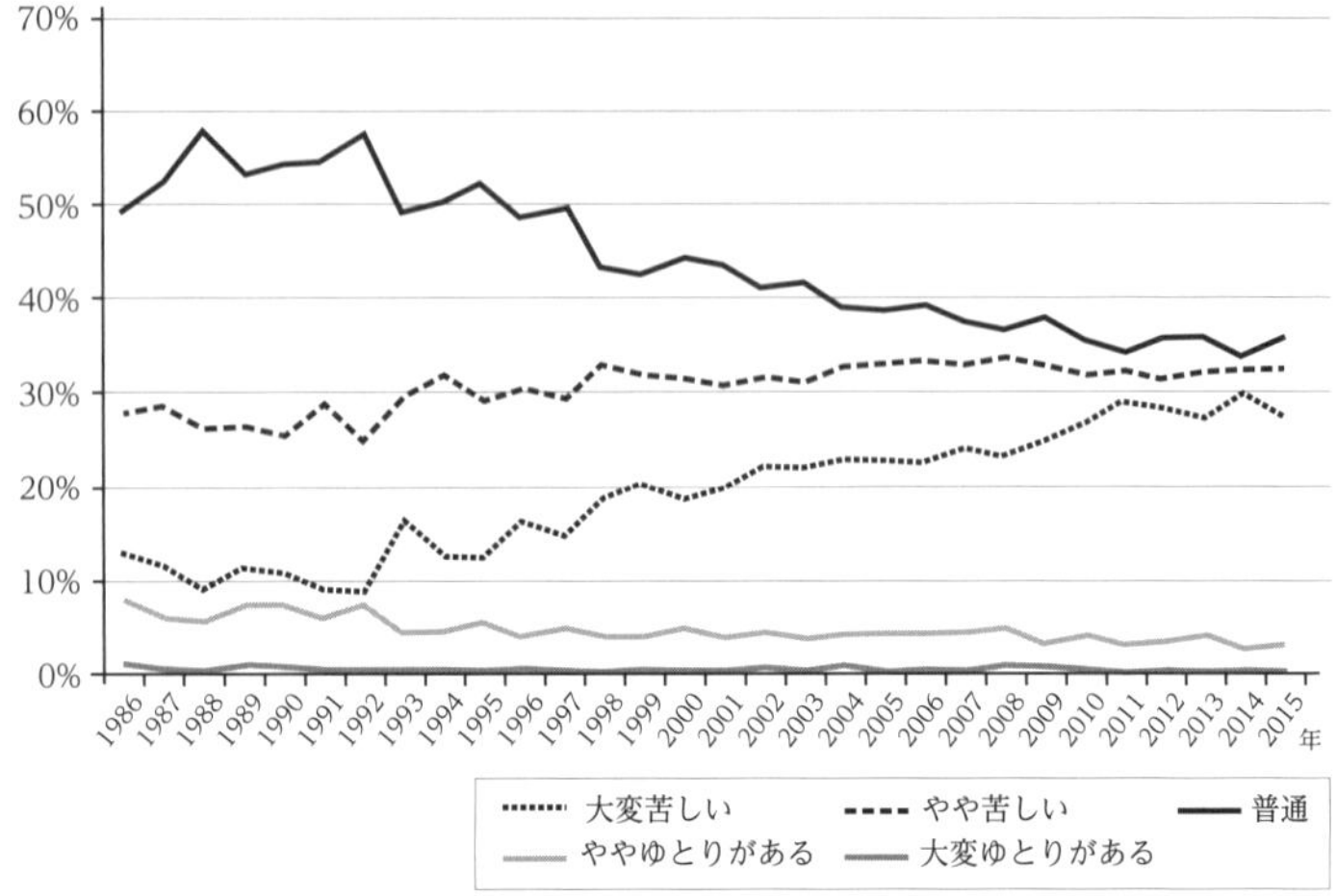

学の言葉で「ジニ係数」ってものがある。

大丈夫、すぐわかる。ジニ係数が40以上になると、暴動がやたらと起こっちゃうんだ。そんな社会、誰も住みたくない。じゃあ世界のジニ係数はどうなっているのか、左の表を見てほしい。

暴動が起こってしまう40のラインは、200年前にとっくに超えてる。さらに数値の上昇におさまりがつかなくなってるんだ。はっきり言えば世界は壊れる寸前だということだ。

世界のジニ係数
（1820~2002 年）

Year	Gini
1820	43.0
1850	53.2
1870	56.0
1913	61.0
1929	61.6
1950	64.0
1960	63.5
1980	65.7
2002	70.7

※Milanovic2009 より

精神疾患を有する総患者数の推移
（疾病別内訳）

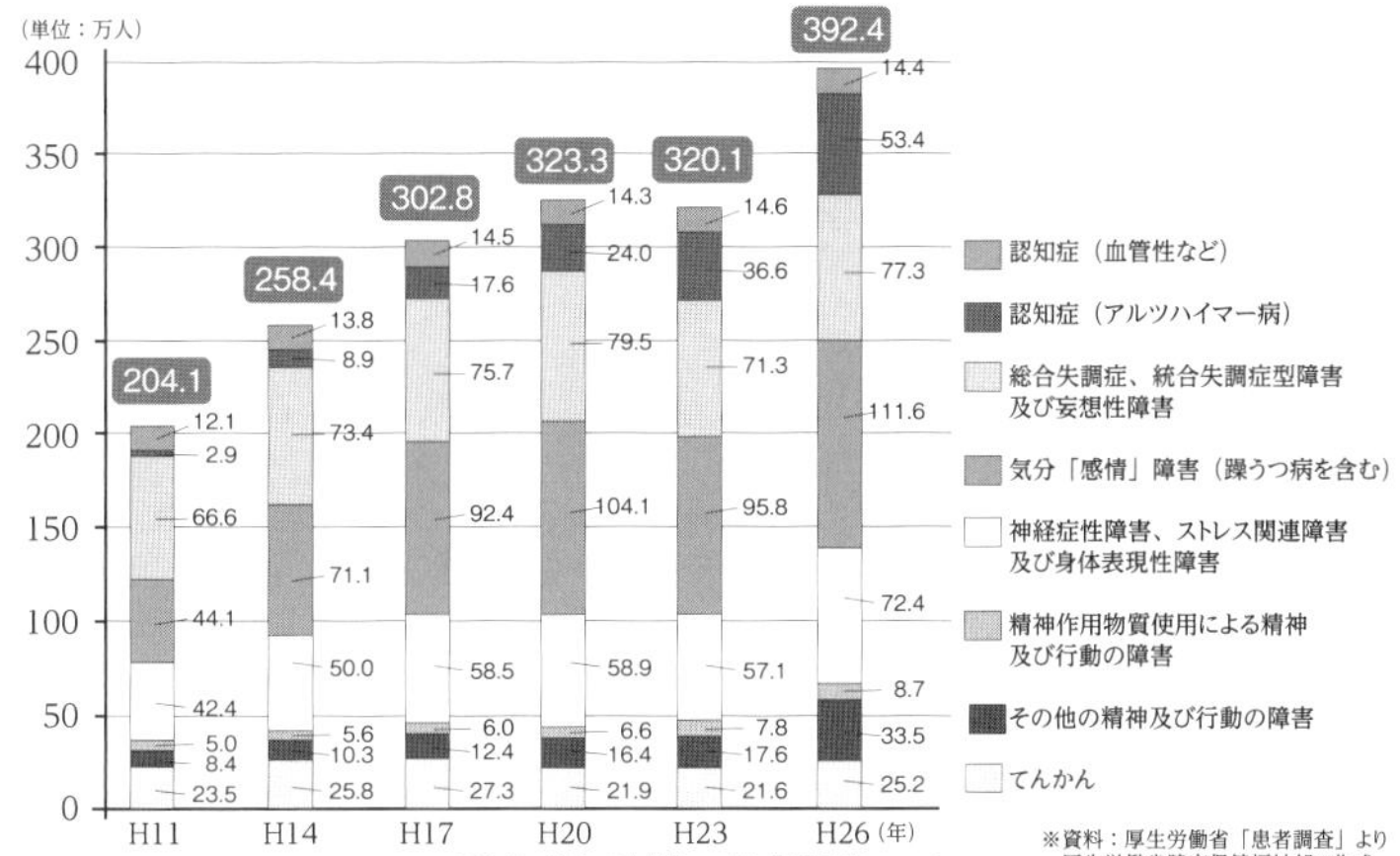

※H23年の調査では宮城県の一部と福島県を除いている

※資料：厚生労働省「患者調査」より
厚生労働省障害保健福祉部で作成

社会は極端にまずい状態だ。じゃあ僕らの心の中の方はどうだろう？　怖いけど、しっかり向き合おう。

上の図は精神疾患を患われている日本人が、どんどん増えていることを示している。実に15年で2倍近くまで増えてしまっているんだ。

日本だけじゃない。海外でも、サンディエゴ州立大学がアメリカ全土、690万人を対象にした大規模な調査をした。そこでアメリカのうつ病の患者さんの数が過去数十年で最大の率に達したことが分かった。※2

EU（ヨーロッパ）ではどうだろう？　さらにひどいんだ。そこでは鬱の患者さんの人口は※3 3億人に達した。これがどれだけ大きい数か見てみることにする。

日本の外務省のホームページによるとＥＵの２０１５年の総人口[※3]は５億８２０万人。だから、実に５億人のうち３億人が鬱を患っているんだ。普通の人の方が少ない。精神を病まずに生きていけている方が珍しい。現代とはそんな時代だ。

生きることってどれだけ難しいんだ。僕らはどうやったら生きていけるんだろうか？　これから結論を言う。でもそれは甘くないよ。

確かにちまたにはこんな言葉が溢れてる。

EUの鬱の患者さんの割合

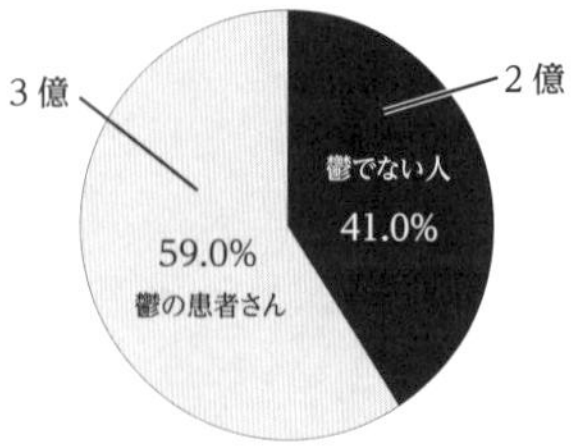

「簡単な法則を覚えれば年商３億円！」「すぐに英語が出来るようになって楽に稼げる！」「努力なしで東大合格！」……。
「簡単」「すぐに」「努力なしで」。全部違う。逆だ。「難しいこと」を「長い間」「気持ちを傾けて」得られるものが本当の価値だ。
当たり前だよな。それなら、そんな本物の人間になるために、自らを洗練させて行くために、僕たちにはどんな哲学が必要なんだ？
僕はこう自分自身に言い聞かせてる。

苦しみを避けて得られるものに良質なものなど一つもない。辛苦と共に歩め。それだけがお前が本当に欲しいものを手に入れるための唯一の道だから。
高飛車に生きられる身分になどあぐらをかくな。悲しみに手を差し伸べ、運命を切り開くきさまの志の刃を砥ぎ続けろ。

自分で自分の人生を切り開く。こんな生き方を哲学用語で「実存」って言う。そして自分で自分の人生を切り開いている究極の存在、そう「究極の実存」、そのモデルが存在する。それが僕が会ってきた起業家たちだ。でも別にキミが会社を起こさなけりゃいけないわけじゃない。だが極め付けのモデルを知れば凄まじい叡智を手にすることが出来る。だから、彼らの生き方を見て欲しいんだ。

〈第1勝　2節1〉
世界で一番強い奴らは誰よりも弱かった

じゃあ、起業家ってどんな奴らだろう？　資産を10兆円以上持ってる超人みたいな奴？　生まれてから一回も頭を下げたことがない無敵の天才？　カミソリみたいに触れると切れる近寄ることすら出来ない超危険人物？

…違う。あいつらは艱難から浮上するまで、負けに負け続けてきた。あまりに優しいから。新世界の創造主は、なさけに厚すぎる敗北の使者たちなんだ。

だけん起業家って言ったら普通、超人だと思われている。アップルの創業者、スティーブ・ジョブスとか、フェイスブックのマーク・ザッカーバーグ、アマゾンのジェフ・ベソス。大抵みんなこんな超人に惹かれて起業家の研究をするんだ。


「あいつらが負けるなんてことあるはずがない」

実は起業家研究で研究される起業家って、そんなイメージなんだわ。俺たちの研究と真逆。だから「起業家は弱い」って言い切る俺らの研究は裏道中の裏道。外道ですらある。ただ起業家の特徴をしっかり調べてみると、スーパーマンみたいな起業家像が崩れてくるんだわ。

まず米国の連邦準備銀行が行った調査を見てくれよ。※4 起業家のカッコいいイメージが神話に過ぎないことが分かって、はっきりいって幻滅だ…。

・起業家の多くは40代の白人である。
・彼は大学に入学してはいるが、中退しているかもしれない。
・彼は自分がビジネスを始めた街で、人生のほとんどを過ごしている。

これってどういうことかって言うと、「起業家って普通すぎるなんの面白みもない奴らだ」って言ってるんだわ。面白いな。

だって、普通「超人」だって思われてるイメージを覆したもんな。だけど甘いな、米国連邦準備銀行さま！　実際の起業家はこんなもんじゃない。こっから先があるわけだ。

そんじゃあ、起業家の本当の姿はどんななんだ？　さっそく見てみるぜ。

●パートタイムで働いていたり、頻繁に転職をするジョブスキッパーは起業率が高い。[※5]

●失業者の起業率は就業労働者の２倍である。[※6]

●失業期間が長ければ長いほど、自らビジネスを始める可能性が高まる。[※7]

●給料が低くなればなるほど、人は起業する。[※8]

まだある。こんなもんじゃない！

●起業家はしばしば不幸な家庭に育ち、権力に反抗的だったり、他人と緊密に働く能力に欠けたりする。[※9]

●失業や頻繁な転職、麻薬取引をしがちである。[※10]

●子供時代に大変な経験(両親の死や離婚・深刻な病や怪我)をしている。[※11]

実は、この「本当の起業家の姿」のことを起業家を研究している先生達に伝えてみたんだ。あんまり知られてないことだもんで。

そうしたらみんな口を揃えて、「お前、本気で起業家ってこういう奴らだと思ってるだか？」って言うんだ。

なんで信じてもらえないか？

実はこれだけ沢山の事実を並べても、「起業家＝ヒーロー」っていう彼らの中の固定概念を消せなかったんだ。それだけ起業家って言ったら、スーパーマンに決まってるって思われてる。

だから前頁の囲みの話って、起業家の研究者達ですらほとんど知らないことなんだ。

もちろん僕たちはいろいろな文献を読み込んだからそれが分かったんだし、フィールドワーク（現場での聞き込み調査）をした時にも、実際この目でトラウマに直面している起業家達に沢山出会ったよ。というか、トラウマが無い起業家なんてほとんどいないっていうのが実感だ。

例えば浜松で起業家を支援する団体（プロジェクト8っていうよ）を運営している辻村泰宏さんは、「女性起業家の起業の相談に乗ると、約50％の人たちが涙を流しながら自らの生い立ちを話してくれる」って言ってる。

それに浜松市のメンタルクリニック・ダダの大嶋正浩院長も、「精神にダメージを負った方の起業する確率は明らかに高い」って語ってるんだ。

残念ながらちゃんとした統計は存在しないんだけど、大嶋院長は「この患者さんも起業をするのか！」って感じるほどなんだって。

こんな現場の生の声に触れてはじめて、起業家たちの弱さや、彼らを勇気づけることが重要だってことが分かる。

こうでもしないと「起業家は弱い人物だ」っていう重要な事実を見つけることが出来ない。

僕は本当に運がよかった。

辻村さんが主宰するセミナーでお手伝いさせてもらって、起業家の素顔に触れることが出来たからね。起業家の人生って本当に壮絶だった。

みんな辻村さんたちには力になってもらってる。夜中の1時に電話がかかって来て「辻村先生、死にたい」って言われることも多々ある。

それからずっと朝まで話を聞いているんだって。何人もの人の命を救ってる。


どのくらいの割合の起業家がこんな目に会ってるんだろう？　もちろん全員ってわけじゃないからね。やたら明るいポジティブな起業家もいるよ。

そっちの方が良く知られてる。「超人だよな、あの起業家は！」ってやつ。

でも別の種類の起業家たちがいる。『ライフアントレプレナー』っていう起業家たちだ。[※1-2]

ちなみに〝アントレプレナー〟って起業家って意味だよ。

自分がどうしてもやりたいことを仕事にして会社を起こしてる人たち。

「自分の事業」と、「人生（ライフ）を賭けてやりたいこと」が一致してる人たち。だから誰よりも人生を楽しんでいる。それがライフアントレプレナーだ。

それでその、ライフアントレプレナー達が苦しい目に会う確率、トラウマに侵される確率って、ほぼ100％なんだ。[※1-3] 使命を持って働いている起業家って、実はみんな心的外傷に悩まされてるんだ。

〈第1勝　2節2〉
何でこんな苦しむんだ？　あいつらは

なんで起業家ってそんなに苦しい目に会うんだろう。これにはフロイトがどうのこうのっていう超難しい話をしている学者さんもいるけど、僕たちはその前にもう少し簡単な話をしたい。インタビューさせていただいた起業家、Ｍさんの言葉にヒントがあった。こんな言葉だ。

「サラリーマンは忠実に、出過ぎないように仕事をしなくっちゃいけない」

これって意味わかるかい？　難しいよね。だって、

「え？　やりすぎちゃいけないっていうこと？　仕事って一生懸命やるものじゃないの？」

そう思うもんね。確かにどんな人もみんな一生懸命仕事されてる。仕事って本当に大変なんだ。だけど実は、誰も言わないけど本当のことがある。どんなことか？

「あまりに有能すぎたり、頑張り過ぎたりすると会社にいられなくなる」って事実だ。

ごめんね、意味わかんないよね。驚くかもしれないけど、働いてる人ならみんな知ってる。なんでこれって誰も言わないんだろうね。公然の秘密ってやつだ。

異常に真剣すぎると、実は嫌われることが多いんだわ。これは本当に残念だ。

だからMさんの言葉には重みがある。

はみ出し者。良く言えば個性的な人って学校にもいると思う。ヤンキーなんて言われてるかもしれないよね。既存の枠組みに収まらない人だよ。

学校にもはみ出しものはいるかもしれないけど、会社にもいる。そういう人たちは会社から排除される。


人の全力を受け止める器量をもった会社って、ほとんどないのが実態だ。学校だってそうでしょ？　だから全力中の全力で仕事をする起業家予備軍は、会社で嫌がられることが多い。あまりにも熱いから煙たがられるんだよね。

じゃあどうする？簡単だ。自分で会社を起こせばいい。

でもさ、なんで全力って嫌がられるんだろう？

ケ・デ・ブリッツっていう学者さんはこんな事を言っている。

「起業家は危険を冒す人間だってよく言われる。だけど、はっきり言うと危険を冒すっていうより、危険を創り出す奴らだ」※1-4

自分一人で危ないことをするんだったらまだいい。でもそうじゃなくて、危険を「創り出す」んだから、他の人をやばいことに巻き込んじゃうってことだよ。

これって言ってみれば、起業家って危ないやつらだって話だよね（笑）。でもこれだけだとあまりに誤解されちゃうから、どういう風に危ないか、もうちょっと紹介させてな。

前述のブリッツは、続けてこんな風なことを言ってる。

「起業家は怒りや不安のパワーを使って事業を起こす」

例えばソフトバンクの創業者の孫正義さんは、坂本龍馬を尊敬してるから海援隊の旗を会社のロゴにしてる。起業家って維新の志士みたいなところがある。だもんで極端に言えばそんな危うさを持ってるんだ。

じゃあさ、なんで、そんな風に危ないやつ（？）に育つんだろう？　ブリッツはさらに続ける。フロイトなんかが出てくるぞ。ここだ！　気合いを入れよう。

大心理学者のフロイトは、父親の強さこそが子供に社会性を植え付けるんだって言ってる。

どういうことかっていうと、お母さんと子供って、最初一心同体だよね。子供はお母さんから生まれてくるから、お母さんと子供って一体感を持ちやすいんだ。共感だよね。これを育てることは、めっちゃ重要だ。

で、お父さんの役割はどんななんだろう。お父さんの役割って、お母さんと全く逆なんだ。お父さんって、お母さんと子供の仲を引き裂かないといけないんだってフロイトは言うんだ！　引き裂いて初めて子供はお母さんを離れて家から出ることができる。つまり自立して社会性を持った人間に育っていくんだってフロイトは言ってる。

子供はお父さんと「お母さん争奪戦」をして〝負けて〟初めて社会性を持てるってこと。負けなきゃだめなんだ。負けないとお母さんと一緒にしかいられなくなっちゃう。社会に出られないんだ。

これをフロイトはギリシャ悲劇から名前をとって、「エディプス・コンプレックス」って名付けた。そう！　有名なやつ。

だからもしお父さんが弱くて、お父さんの方が子供とのお母さん争奪戦争に負けちゃうと、子供は社会性を持ちにくくなっちゃうって話になる。

ブリッツはそのことを言ってるんだ。

どういうことか。起業家のお父さんって優しすぎる人が多いから、子供はエディプス・コンプレックスを形成しにくい。つまり社会性を持った人間に育ちにくいってことだよ。

だから問題を起こす。だけど、だからこそ起業家になることができるんだ。人間万事塞翁が馬、人生何が起こるか分かんないよな。

〈第1勝　3節〉

人が人であるための最期の手段

それじゃあ社会性がなくて会社から弾かれちゃう人って一体どうなっちゃうんだろう。実は、ひたすら会社のみんなにいじめられるか、転職を繰り返すんだ。

例えばどうなるか。僕が出会った方はこうだった。

京都大学卒のある方は、数年もの間ニートを余儀なくされた。

僕の場合、転職を11社して、そのうち5回クビになった。

Nさんは会社からはじかれただけじゃなくて、献身的に愛を注いだ夫にまでむごい仕打ちを受けた。

兼元謙任さんはホームレス生活を2年に渡ってすることになった。

働きたい！　どうしてもこの仕事で。

学生さんや若い人たちだけじゃなくて、どんな人でもそんな希望を持ってる。それが見つからなくて、もがき苦しみぬく人もいれば、就職試験を受けまくる人もいるよ。

僕はどうしても書く仕事をしたかった。だから色々な会社に「就職させてください」「仕事させてください」って連絡をしまくった。だけど不合格ばっかり。

日本だと普通、3社以上転職した人って相手にされないんだ。転職歴って〝組織で上手くやれない奴〟だっていう烙印を意味するのさ。

でも諦められないから入社試験を申し込むだけ、落ちに落ちまくる。僕の場合、就職試験で落ちた会社の数がおそらく5000社を超えている。

異常だ。尊敬するN先輩は、「それって本当に松井さん一人の数字？」ってビックリしてたよ（笑）

面接で何を言われるかって言えば、

「あなた一体何してるんですか？」

「松井さん、問題外なんですよ」

「（面接開始1分で）もう帰って下さい」

「（面接に呼ばれて、静岡から大阪まで行ってみたら）何しに来たの？」

何しに来たも何もないよ。面接に来たに決まってる（笑）。入社志望者の履歴書を見ずに呼びつけて、いざその場になって仕方なく目を通す。で、「なんだこいつ、ダメに決まってるだろ」ってなる会社が結構あった。

これがジョブスキッパーと言われる転職を繰り返す人たちに対する待遇なんだ。そりゃあへこむぜ。


浜松の起業家支援団体の創業者、辻村泰宏先生はこう言う。

「起業家なら10社程度の転職歴でも、ざらです」

当然、そうすると自分のやりたい仕事ができる会社には入れてもらえない。どんな仕事であろうとも、受け入れてくれたところの仕事をするしかないよな。

やりたくなかろうが、なんだろうが。お金をもらうために夢を殺すんだ。


だけどそれでも実は一つだけ、したい仕事をするための最後の手段が残されてる。そいつが「起業」だ。誰も相手にしてくれないなら、自分で自分のやりたいことを始めればいい。

ただし背水の陣だよな。自分が自分らしくあるために残された最後の砦としての起業。辻村先生たちは、こいつを支援してるのさ。

第2勝

スティーブ・ジョブズより凄い奴ら

〈第2勝　1節〉
【番外編】俺の中学生たちはこうやって困難を解決した

唐突だけど、君たちは本当に困ったらどうしてる？　なにも困るのって、起業家や大人だけじゃないよね。若い人たちも同じように、めちゃくちゃ困ってる。僕も塾を経営してるから、中学生たちが困った時にどうしてるのか、色々な姿を見てきた。

例えば昔々教えてたある生徒たちは同級生に万引きをさせたりカツアゲをしたりして、警察沙汰になって裁判を起こされるという話になった。

被害者の子のご両親はそりゃあもう大激怒だ。うちの生徒たちを潰すつもりで訴訟を起こそうとした。

さすがのあいつらも、これには本気で向き合わざるを得ない。僕にとってはまあまあ迷惑な話だが、あいつらは僕の塾に集まってきて作戦会議を開いた。

で、自分達でこれからどうしたらいいのか、って本気で話し合ったんだ。話を聞くと双方が悪い。どちらもやり過ぎてる。悪いことをさせる方もさせる方だし、裁判で潰そうとする方もする方だ。

大人が入って来て、必要以上に大事になってた。

僕は同じ教室にいて彼らの話をずっと聞いていた。あいつらは、やっぱりどうしたらいいか分からないみたいだった。あんなにいつもふざけてばかりいる奴らが、信じられないほど真剣な表情で話し合ってた。

「あいつもう、ボコっちまおうぜ！　もう完全に頭に来た!!」

血気盛んなAがそんな声をあげる。

「…」

だけど誰も応じなかった。同意もしないし反論もしない。しっかり話し合って解決策を導く力はまだない。だけど解決策が浮かばなくても、なんとなく雰囲気的に何とかなりそうな感じになる時がある。


何を話すともなく、自然にみんなその感じを掴んでいく。それがあいつらの結論の付け方だった。うまく行こうがいかなかろうが、これまではそうやってなんとかしてきた。

だけど、この時は問題が重すぎて、どれだけ時間をかけてもどうしたらいいか分からない。

何日も塾へ来ては作戦会議を開いた。

僕も話に加わることにした。本気でやばいと思ったから。でも僕は学生の時からずっと優等生で学級委員をやってたような奴。

だからこんな時にどうしたらいいのか、全く経験がなかった。

「静岡に昔悪さをしまくってた起業家の仲間がいる。その人たちに聞いてくるわ。ちょい待ってて」。

それから静岡に行った。袋井からは高速で1時間かかるけど、とにかくその人らに聞くしか方法がない。

で、塗装店を営むAさんはこう教えてくれた。

「ある程度こっちが折れるしかないね。悪いことしてるわけだし。俺の時には学年主任の先生が間に入ってくれたっけ。学年主任の先生って、そういう時の為にいるだら?」

望月徹さんはこう言ってくれた。

「子供だけで片付けるのは無理だよ。親同士が話し合うもんで、その話し合いを円滑にできるような形に持って行くように、子供らも松井さんも動いたらいいんじゃない?」

だもんで、子供らにこう伝えたんだ。

「学年主任の先生と親御さんたちが話し合って解決してもらうことになる。その話し合いがうまくいくように、先にお前らから反省文書いて送っとけ」

結局あいつらは反省文を書くふりをしただけで書かなかったけど、なんとなく安心して落ち着いた。だからそれでよかったと思ってる。

結局親御さんたちがしっかり話し合ってくれて、あいつらもちゃんと謝って、大事にならずに済んだんだ。

これも一つの困難の克服の仕方だ。もしキミが抜群に頭が切れて、完璧な解決策を思いつくような奴じゃなかったとしても、仲間を作る力が強ければ誰かに相談して切り抜けられる。

〈第2勝　2節〉

研究者はどうやって悩みを解決するんだ？　それから起業家は？

じゃあ研究者だったらどうやって困難を解決するんだ？実は僕らは、過去に起こった同じような例を探して参考にする。

まずはネットを検索する。分からないことがあった時に検索するなんて当たり前のことだけど、これが出来る人って大人でも全然いないんだ。

だもんで、なんかあったら、まずはgoogleで検索してみる。それだけで9割くらいの問題は解決するよ。

はっきり言って、国数英理社の答えぐらい絶対ある。5教科どころかお金の稼ぎ方とか、どうやったらモテるかだって載ってるよな。現実世界ではネットでカンニングし放題だ。試験じゃないんだから、いくらカンニングしたってかまやしない。

とにかく公開されてる知識なんていくらパクったっていい。こいつが全ての基本だ。調べれば大抵わかる。だからはっきり言う。調べられない奴なんて終わってるぜ。

え？　今まで調べて来なかったって？

じゃあこれからは調べればいい。

で、研究者はネットだけ調べて終わりなんてダサいことはしない。どうするか。答えは単純。ネットでざっと調べたら、そこに載ってた本や論文をつぶさに見ていくんだ。

英文だってお手の物。英語くらい出来なきゃ研究者じゃない。まあ僕はそんな上手くないけどね。

書籍を読んで、気に入ったらまとめる。だから僕もブログやnoteに投稿してるんだ。ちなみに下にアドレス貼っとくね。
ブログ「千年一途」はタイトルで検索してくれればgoogleのトップに出てくる。noteの登録名はHayato Matsuiだよ。正直、ここまでやる研究者はほとんどいない！　流石は俺!?
千年一途　http://naniwa1001.blog108.fc2.com/
note　https://note.mu/hayato_matsui
ブログの記事は無料だけど、僕のnoteは有料だ。noteの方はしっかり編集・校正してるけど、ほぼ同じ内容が載ってるのもある。だから同じ内容の奴があれば、ブログの方が得だわな。

最近はnoteばっかりだけんね。俺って金の亡者だからな！

…冗談です。


でも実は、友達からこう問いかけられたことがある。

「松井さんって自分の意見が無いだら？（無いんじゃないの？）」

気の強い女だ。どういうことか？

「人の意見まとめてばっかりで、自分で意見言わないじゃん」って意味だ。キミはこの意見どう思う？　その通りだって思う？

確かに自分で考えてないもんね。

全く違うぜ。

で、言ってみればここに、ほとんどの人がgoogleで検索すらしない理由がある。どういうことかっていうと、結構な人が自分で考えた意見だけが個性だって思ってる。だから上の友達も半ば頭にきてるんだ。

「誰かの意見パクリやがって！」って。でも実は、個性って自分一人で作り出せるほど簡単なものじゃない。

だって、自分で一生懸命考えたことでも、ほかの人がとっくの昔に考えてることはよくある。本に書いてあって、もうとっくに分かってることが。

だとすると、いくら僕らが頭をひねって考え出しても、もう誰かが解明してるものなら、そんなの個性的な意見じゃない。古臭い意見だとか、言ってみればパクリと言われる可能性すらある。

それなのに自分の頭だけで考えるなんて、はっきり言えば無駄だわ。人の意見を借りられない奴っていうのはダメだぜ。毒舌になってきたけど、研究ってそんなもんだでな。

だもんで 僕らが考えることって、ほとんどのことがすでに考えられていて、答えが出てる。

じゃあね、

「自分の頭を使う必要がないいんじゃない?」って聞かれたとすれば、

「そんなのは全然違う」ぜ!

難しい!じゃあ、個性って何なんだろう。ついでに言えば、研究ってそもそも何だろな?

〈第2勝　3節〉

研究って何かと問われたら?

「研究って一体なんなんですか?」

日本の研究者にそう聞いてみると、ディスるわけじゃないけど、めっちゃ難しいことを返してくれる。

「研究は哲学！」

「研究は人生!!」

「研究は愛!!!!」

とか。まあ、３番目は俺の発言である。


ちなみに哲学史上最も偉大と言われている哲学者ヘーゲルは「学問とはすなわち真理。真理とはすなわち学問」って言ってる。[※1]

だもんで「研究とは何か？」って言われても超難しいわけだよな。一番すごい奴でもそんな感じだもんで。

だから僕もそう思ってた。「研究は哲学」だって。結局、「研究って訳がわからんなぁ」って感じだったんだわ。

それである時、大学院でアメリカ人の先生の授業を受けた。びっくりしたよ。アメリカの教科書には、研究って何かって凄く分かりやすく、しかも端的に書かれていたから。

教科書は英語の教科書。欧米の学生が学ぶ「研究の方法」が書いてある。

どんなことが書いてあったか？　「研究って『マップ』と『ギャップ』だぜ!!」って書いてあった。

意味不明だよね。どういうことだ？

マップって地図のこと。RPGとかで使うmapのマップだ。ギャップって「ずれ」とか「隔たり」の意味だよ。

「ギャップがある奴は面白くてモテる」、みたいに使われるあのギャップのこと。

これってなんのことかって言えば、マップってのは「とにかく本や文献を読み込んで、自分が困っていること・疑問に思っていることについての全体像を把握すること」なんだって。

で、ギャップってのは「文献でも未だ明らかになってないこと」だそうだ。

この「明らかになってないこと」を「明らかにしていく」「それが研究だ!!」

そう教えてもらった。

こいつは衝撃中の衝撃だったね。

だって、今まで出会ってきたどんなに優れた研究者も、「研究はテツガク」みたいな意味不明のことをおっしゃっていたし、僕自身も「研究は愛だ！」って正月の書初めに書いてたくらい、なんのこっちゃワケわかってなかったからな。

それなのに欧米の教科書には「研究とはマップを作ってギャップを見抜く。そしてそのギャップを埋めていくことだ」って書いてあった。恐ろしく明快だ。

じゃあちょっと比べてみる。

僕「研究とはテツガク、アイ」

欧米「研究とはマップとギャップ」

こいつが彼我の差だよな。これだけ差があると正直、「俺たち絶対、欧米に研究で勝てるワケねぇな」って思ったね。

まあでもそれは過去の話。今はもうわかったんだからガンガン勝ちに行けばいい。

じゃあまとめてみよう。研究者の悩み解決法って、

1. まず調べて、
2. 本でも明らかになってなかったら自分で解決方法を探る。

まるパクリ出来る解決方法は文献にも見つからない。でもさ、似たようなプロセスで解決した人の話とか文献だとかを参考にすればいい。

似たような問題だったら似たような解決法になるしね。だもんで勉強は大切なんだ。

それじゃあ起業家の場合はどうやって困難を解決するんだろう。次勝からはそれを一緒に見てもらいたい。はっきり言えば研究者のそれともレベルが違う。全人生を賭けて自分に降りかかった運命を乗り越えるんだわ。

だからまず、次の兼元さんの例を見てくれ。

〈エピファニーを得た起業家　ケースNo.2　ホームレス起業家　兼元謙任さん〉

「思い」を組織に結実～コンプレックスとの格闘から生み出される新しい世界～

（株式会社オウケイウェイヴ　代表取締役会長）

「OKWAVE」（http://okwave.jp/）は、2000年1月にスタート、株式会社オウケイウェイヴが運営する「Q＆A」の形式を使ったコミュニティーサイトだ。参加するためには会員になる必要がある。2018年8月現在、年間利用者数は7000万人以上、過去にやりとりされた3600万件以上の質問と回答を参照できる（2018年夏現在）。

ロボット型検索エンジンは非常に便利だが、その一方で不必要な情報も多量に取り込まれており、本当に重要な情報を見つけ出すのには手間がかかる。こうした時活躍するのがOKWAVEのシステムだ。投げかけられた質問に精通した回答者が、その問いかけに答えてくれる。人間を介して発見された情報には融通が利くものが多く、利用者はロボット検索とは一味違う情報を活用することが出来るのだ。

このシステムは代表者の想いが具現化したものとも言ってよく、彼の壮絶な半生抜きには語ることは出来ない。以下は株式会社オウケイウェイヴ、代表取締役会長の兼元がOKWAVEを創業するに至った経緯である。

愛知県立芸術大学出身、昭和41年7月生まれ。彼の発想と行動の原点を探る。

【幼いころの思い出】

不思議な運命を背負っているのかもしれない。幼少時から体が弱く、入退院を繰り返していた。小児喘息になったり、筋力がなくなったり、昏睡状態に陥ったり。中学生にもならない時から、死ぬことしか考えていなかった。

病院通いを強いられる中、兼元のことをずっと見ていた老婆がいた。そして彼女からこう宣告される。

「あなたは前世で人を沢山殺している。それも酷いやり方で。今はその償いをしている時。病をわずらい、針をさしたり、メスを入れられたり…」

この瞬間、さらに深い落胆に襲われ、もう自殺が避けられないように感じた。老婆は話を続ける。

「でもね、この試練はあなたの一生のうち、前半で終わる。後半は人のタメになる良い行いをするから、今は決して自ら命を絶つなどということはしてはいけませんよ。」

この話が兼元に与えた影響は大きかった。得体の知れない恐ろしい話ではあったが、何とか生き抜く決意を固めることが出来た。

そして25歳、病気は嘘のように治まり、兼元の活動に支障をきたすことは無くなった。そこからの余命は25年だけかもしれないという、予言が成就する可能性を残して。

【ジョン・レノンとの出会い】

兼元が、Q&Aを大切にしたいと思った契機は、ネット上での強烈な失敗の体験にあった。ネット黎明期、インターネットを始めようと思い立ち、本を読んだ。そこには「インターネットはパラダイスである」と謳われていた。「質問を投げかければ、誰もが懇切丁寧に答えてくれる。いつのまにか誰もがプロフェッショナル並みの知識をもつことができる。」

ネットの経験がなかった兼元はこの話を純粋に信じてしまう。そして、あるサイトで質問する。「インターネットで質問すれば、デザインとコンピューターを掛け合わせて何か面白いものを作るヒントを得られるのではないか」という思いからだ。しかし、これが思いがけないトラブルを引き起こした。

「今思えば、夢物語を信じてしまっていました。やはり実際のネットはそうではありません。言い方が悪かったのだと思うのですが、回答を寄せてくれるはずの方々は冷たかった」

彼らは「マナー」がなっていないとして、彼に総攻撃を加えた。質問に対する答えのかわりに、「利用規約を読め！」「アーカイブを見てから質問しろ！」

初心者が対応していることなどお構いなし。面白がって叩いていた者も当然いたはずである。結局目的は果たせないまま、そこから身を引かざるを得なくなってしまった。

こうしたトラブルを経験した後、「この仕組みは少し変なのではないか。デザインが得意な人間でも、コンピューターのコミュニティーに参加して何らかのインスピレーションを得ることは必ずある。」と感じた。

しかし、跳ね返り者の性格が災いしてか、そんな思いを抱きながら会社を転々とする。そしてついには浮浪者のような生活を、その後実に2年以上もの間余儀なくさせられた。

しかし、この間にもネットのコミュニティーについていろいろな思いを巡らし続ける。

そしていつしか、自らの理想となるサイトを、自分で作りたいと思うようになった。

不遇の生活を送りながらも、考えを温め続ける。

「専門外のコミュニティーで質問できる場を作れば、きっとすごいアイデアがたくさん生まれてくる。そのためには、Q&Aを並べて問いと解答を俯瞰する場所を作りたい。自分の専門外のコミュニティーで何かを聞いても、他にある、自分の専門の場で解答を書いて貢献すれば、フリーライダーにはならない」

そんな思いをずっと抱いていると、不思議なことがあった。兼元は、ジョン・レノンの〝イマジン〟を好んで聞いていた。

「野宿生活をしていた時には心の支えのように、本当に何度も繰り返し聞いていました」と彼は語る。氏は実に2年間にわたり野宿生活を送っていたのである。

するとある時突然、外国人のプログラマーが現れ、彼の話を聞き、アイデアを実現させるプログラムを無料で書いてくれることになった。

そのプログラマーが、ジョン・レノンそっくりだった。それから彼のアイデアが現実に動き出すことになる。

【心の傷と企業】

起業家が自らの夢を実現しようとする時、周囲からまるで偏執狂のように見られることがある。起業家の偏執性は一見病的だが、自らの夢想的な目標に対して愚直と言えるほどの誠実さを見せる。

兼元の場合、コミュニケーションに対して壮絶なこだわりを見せている。

それにもかかわらず、彼のコミュニケーションは不思議なほどうまくいかない。

これまでのケースには書かれていないが、学生時代には「グローバルブレイン」というデザイナー集団を立ち上げている。

しかし、これからという時、根も葉もないうわさが流れた。

「あいついろいろやっているけど、あそこまで一生懸命にやるのは何か変じゃないか」

「グローバルブレインが世の中に出たら誰が得をすると思う。兼元だよな。だからやっているんだよ。僕らは利用されているだけかもしれない」

仲間のために身を削る思いで10年間頑張ってきた。でも、疑われてしまった。教授との関係も良くなかった。大手自動車会社に内定が決まっていた卒業発表直前の夜、電話がかかってくる。

「お前だけは絶対に卒業させない」

そこからOKWAVEを設立するまでは上の通りだ。その過程でも、共感を得ることに大変苦労している。どれほど自分の夢に誠実であったとしても、気づくことの出来ない自らの落ち度とは付き合わざるを得ない。

異彩から生み出された閃きをひっさげて、みなぎる自信は、彼を精力的な活動へと導いた。だが清新すぎる活躍は不信を呼び、いつしか集団の中の異物となってしまっていた。

仲間は去って行き、悩み、抑鬱的になる。解決へと繋がるきっかけは、神の啓示を思わせる「ジョン・レノン」との衝撃的な出会いだった。

兼元には〝コミュニケーション〟というどうしても譲れない拘りがある。だからこそ人が集まった。だが、だからこそ自殺をも辞さない激烈な挫折に直面させられた。

それでも諦めない。そして紆余曲折を経て、彼は自らの思いを見事な企業へと昇華させる。まるで異物の痛みを和らげるために真珠を育てるかのごとく、心の異物を中心に、強く秀麗な組織を創り上げた。

【ベンチャー企業創出支援】

「起業家が経験した創業以前の深い体験は、その後の企業文化に大きな影響を与える」とする研究が近年数多く行われている。[※2]

こうした〝起業家醸成期〟を精査すると、時に解決不可能に見える困難や病気、さらに無気力状態までもを窺い知る事がある。起業家はそのような苦境を克服し、自らの価値観を見い出し、事業を魅力的なものに仕上げている。

単に成功しそうなアイデアを出すだけならば、誰にでもすぐに出来る。しかし、それでは偏執症と思われるほど事業にのめり込む事はない。

一方、運良くのめり込める対象を見つけたとしても、そこには大きな困難が付きまとう。革新的起業の代表とされる3Mでさえ、そのような人はいぶかしい目で見られるのだ。[※3]
また、熱中している対象は、兼元の場合のようにコンプレックスとの格闘そのものかもしれない。そこに正常でいられる保証はない。

ベンチャー創出のためにはこの過程を支援する必要がある。そのためには、起業家の苦悩を観察し、そこに光をあてる作業が肝要となる。

そうする事で、困難にぶつかった者をサポートするノウハウを整え、勇気付けの仕組を作ることが出来る。

決して見逃してはならないそのための基盤が存在する。それは〝安全の確保〟と〝自らを映し出す鏡〟の存在だ。

兼元の場合、老婆から教えられた不思議な物語が「自ら選ぶ死」という危険から彼を解き放った。うかがい知る事が出来ない自分の落ち度を、離れていった仲間達が映し出した。落胆し、何も手に付かない時期も続いたが、そうした苦境の中から紡ぎ出した使命感が彼を何度も鼓舞し、今、ビジネスの世界で仲間とともに飛躍の只中にある。

『夜と霧』の作者[※4]、ヴィクトール・フランクルは、「(こうした)自分だけに固有な使命の体験ほど、人間を、自らを超えて高く引き上げるものは無い」と述べ、自らの強制収容所から生き残った体験と観察とをもって、世に例証した。

人生から投げかけられた問いに対して答えを出した時、受難の最中に見つけた光明に向かい快哉を叫ぶ瞬間、天命の啓示を受けたともいうべきその体験が、自分のなすべきことに没頭する真の人生の産声である。

兼元の使命発見の過程は苦境の只中にいる者たちを強く鼓舞し、自らを見つめさせ、世を賦活させるのだ。(敬称略)

第3勝

エピファニー、困窮する起業家を救う転換点

〈第3勝　1節〉

エピファニーっていったいなんなんだ？

困窮してる起業家ってある時、運命が変わるみたいな経験をすることがあるんだ。その転換点を、専門用語で「エピファニー」って言う。

英語だとepiphanyって書くよ。

エピファニーって言葉は、もともとカトリック教会が祝う祝日のことなんだ。救世主イエス・キリストがこの世に現れたことを記念する祝日のことだよ。フランスみたいなキリスト教国で、その年の一番最初の祝日になるんだって。

ちなみに、この日にクリスマスツリーをしまうんだってさ。ただ、地方によっては有名じゃないみたいで、フランスに10年以上住んでいた友人でもエピファニーのこと知らなかったっけ。

日本語訳としてはキリストが現れたって意味の「顕現日」[※1]とされるんだ。

経営学で始めてこの言葉が使われたのは次の本だ。英語のタイトルで悪いけど、『The Four Steps to the Epiphany』[※2]（邦訳『アントレプレナーの教科書』[※3]）のはず。

ただこの書籍ではエピファニーについて説明が一切なかった。拍子抜けだったけど、著者じゃなくって編集者がキャッチーなタイトルを付けたから、本文にエピファニーって言葉の説明がなかったのかなぁって思ってる。

しっかり定義したのは誰かって言うと、2015年、オークランド大学（ニュージーランド）の女性の研究者、スミタ・シンさんたちだ。

起業家研究のトップジャーナル（研究の世界で世界最高ランクの権威を誇る学術雑誌）「ジャーナル・オブ・ビジネス・ベンチャリング」誌に掲載された[※4]『失敗は終わりではない』という論文で初めて世に出ることになったんだ。

この論文は、起業家の失敗を研究する方々が絶対読むべきものって言われてるほどすごい論文なんだ。

ちなみにエピファニーって仏教用語の「回向《えこう》」に極めて近いものなんだと思ってる。それじゃあ回向って何かと言うと、こんな感じのものだ。

『世界大百科事典 第2版』の言葉を簡単な言い回しに直すとこうなる。

「回向とは仏教の言葉です。自分が行ってきた善い行いによる貯金（功徳）を、他の人たちが良い行いをする助けとするために使用することです」

難しい！　だけどこれってつまり、良い行いを積み重ねると、まるで貯金のように力がたまって、他の人を助けられる人になれるってこと。

力をためて、人助けにその力を回すこと。それが回向だよ。

だもんで、いいことを積み重ねると力をためられるってことだな!!

え？　単純すぎるって？

鋭いな。そいつについては後で扱わせてもらう。ただ、基本は「イイコトすれば力が溢れてくる」、ここにあるのは変わんないからな。


もっと見てみよう。次は儒教の経典だ。

『孟子』（公孫丑・上）をひいて王陽明はこう言ってる。※5
「善行を積み重ねれば心が充実して、やる気をなくしたり弱くなったりすることはなくなる」

「自分の心のままに、生き生きと生きられるようになる」

どういうことだ？


揺るぎない心、とてつもない胆力、必然的に世界の王に君臨せざるをえないほどの無限の度胸は簡単に身につく。「思いやりをかけ続ける」。ただそれだけのことが王者の胆力を与える。


孟子はそう言っているんだ。

孟子だけじゃない。アドラー心理学の大家もそう教えてる。

「自分の居場所は、人に思いやりをかけられた時に現れる※6」って。

で、「思いやりってなんだよ！」って話になるよな。
思いやりって、何かって言うと、「人が、誰かに思いやりをかけられる人になるように手助けする」ことなんだわ。[※7]
え？　つまんない？
ちょいまってくれ（汗）言っとくけど『孟子』はこんなもんじゃないから！
思いやりをずっと示し続けることさえ出来れば天命が見つかる。さっきのアドラー心理学の大家も孟子もそう言ってた。[※8]
儒教だと特に、思いやりってのを今の人間じゃあ考えられんほど著しく重視するんだわ。
どのくらいすごいか。思いやりがある人間って必然的に天下を治めるようになるって言われているんだわ。[※9]　こいつが『大学』っていう儒教の書物にある「修身斉家治国平天下《しゅうしんせいかちこくへいてんか》」って言葉に集約される。[※10]
どういう意味か？

> 自分を修められるものは家を治め、家を治められるものは国を治め、国を治められるものは天下を平らかにする!!

悪いがシンの話に戻らせてもらうな。彼女は倒産した起業家と実際に会って、しっかり観察・

研究した。それで、「起業家の失敗は、転じて良いものになることがある」ことを世界ではじめて発見した。これ、「あっ、そう?」って流さないでな。実は凄いことだからさ!!

これって経営学ではとっても珍しい思考方法なんだわ。普通、経営学は良いものを良く、悪いものを悪く評価する。


例えば強力なリーダーシップは良いものだとか、コミュニケーションが不足していれば、それは悪いものであるとか。プラスのものはプラスに、マイナスのものはマイナスに評価してきた。そして、マイナスのものをプラスに評価するようなことはめったになかった。

例外としてあるのは、シュンペーターっていう超絶に凄い経済学者が提示した「創造的破壊」ていう概念くらいなものだよ。経営学ってわりかし単純なんだわ。

でもシンはそんじょそこらの研究者じゃない。悪いものの中にすら、とっても良いものを見つけたんだ。じゃあ、その革新的な理論ってどんなものか? 以下で紹介させてほしい。

〈第3勝 2節〉経営学の地平を変えたシンの研究がこれだ

起業家の失敗は「3つの過程、プラス-」の段階を通って、ポジティブなものに変換されるんだってシンは語ってる。それが次のやつね。

1．失敗の予期
2．失敗への直面
幕間：洞察（エピファニー）
3．ポジティブ要素への変遷

半端なく重要で、めちゃくちゃ面白いから、これから詳しく説明させてもらうな。

最初の段階からね！

1．「失敗の予期」の段階って、起業家に何が起こるんだ？

「ああこれから俺は失敗する」って感じたら、キミだったらどうする？　そんなのやりたくないだろうし、最悪ひきこもりたくなるかもしれん。

起業家も同じなんだわ。さらにシンの研究で起業家たちが予測するのって、「倒産」なんだわ。

だから、なおさら何もやりたく無くなるわけだ。

だからこの時起業家は、プライドを守りたいもんでうまく行きそうもないことを秘密にする。

人に助けを求めなくなる。

助けを求めちゃったら秘密に出来ないからね。だんだん人に会いたくなくなってきちゃう。まずいよな、これ。さらに悪いことは続くわけ。自分から人を避けるってだけじゃあ終わらないんだわ。それまで沢山エネルギーをもらっていた周りの人々、そうした人たちから避けられているって感じちゃうようにもなるんだ。

どれだけつらいだろうな。力の源だった人から避けられちゃうんだからなあ。なあ、これって勉強できなくなる場合と似てるら？「宿題ぜんぜんやってねえ」「やべえ、怒られる」「みんなにバカにされる」「人と会わないようにしよう」ってやつだわ。

2.「失敗への直面」の段階じゃあ、起業家に何が起こるんだ？

次の段階じゃあ、もっと悪くなるんだ。経営者にこの「2」の段階の話しをすると、ホントにみんな深刻な顔をするわ。だもんで皆んな本当にしっかり聞いてくれる。

まず何が起こるか？

・銀行からひどい仕打ちを受けるようになる。
・規模の大きい企業の取引先の人にも避けられるようにもなる。
・友人や家族からも実際避けられるようになる。
・起業家自身も、人を避けるようになって、実際に他人からもひどい目にあわされるようになっちゃう。

ここで起業家は失敗者の烙印を押される。「社会性を失った者」の烙印。太宰治流に言えば「人間失格」だよな。自分自身を疑っちゃうもんで、DVDを見たり、無気力になったり、ニートみたいな生活をするようになっちゃうんだ。

ちなみにニートって一見楽そうだけど、実は楽じゃないでな。俺もひきこもりだったもんで分かるだけど、死ぬほどつらいんだわ。親にも近所の人にも白い目で見られて、24時間、時給0円で自宅警備。

超少ない友達にも、自宅警備員って職業がバレないように気を使いまくる。でもお母さんがどっかで言ってきちゃうわけだ！　くそっ！w

リアルな話、「一刻も早く殺してほしいわ」。マジで毎日そう思ってた。怖いから死ねなかったけど、「空から隕石が降って来て、たまたま直に俺に当たって楽に死ねんかな～」って、毎日お酒を浴びるほど飲んでベットに寝込みながら念じてた（笑）だもんでまあ、起業家もこの段階で死にたくなるほど苦しいわけだわ。

幕間（エピファニー）。そこで起業家に何が起こるんだ？

普通の研究ならこれで終わりだ。「起業家が倒産しました」っていう、倒産への道筋みたいな悪いことだけを示す研究は良くあるんだわ。

だけんシンの研究が凄いのは、ここからさらに復活の道筋を示してくれてること。そっちの方が大事だわな！

で、シンは、この復活への転換点をエピファニー（顕現日、洞察の意味）って名付けた。言葉のチョイスがカッコよくて泣かせる！けどそれは置いといて、この幕間では起業家に何が起こるんだろうな。

シンはこんな風に言ってる。難しいぜ。

起業家を失敗に導くものってそもそも何だろうか？

それって実は、エゴとか見栄のせいなんだ。つまり自分と社会に対して不誠実だから失敗が起こる。

なんで人は失敗するのか、一言で言おう。全ての失敗の原因は『エゴ』のせいだ!!

俺はこれを初めて呼んだときに「は!? マジかよ!!」って狐につままれた気分だったわ。

だもんで「こんなの信じられるわけ無いだろ？？」って思う人も多いかもしれん。

だけど、ちょい、これがどんなことなのか付き合ってくれ。

例えば、シンはこんな例をあげてるんだわ。

会社にお金が全然ないのが分かってるのに、会社のお金を沢山、教会に寄付しちゃう起業家の話をしてる。

これ、シンが会った人で本当にいた人の話だぜ。で、寄付が原因で倒産しちゃう。

「え？　あり得んだろ？」って思うかもしれんけど、実際あった話。シンはこういうのをエゴだって言ってる。自分と社会に対する嘘だもんな。

だけどこの起業家もある時、そうした自分のついた嘘（エゴ）に気付くんだ。

どんなふうに気付くのか。これが実はめっちゃドラマチックなんだ。こんな感じだ。

シンの論文を抜粋。一部改訂して紹介する。

「その気付きはスピリチュアルな感覚を伴いながら、特別な洞察を起業家に与えます」

例えば、シンが研究したケンという起業家は、位高い力を感じて、なぜ自分の会社が倒産したのかをエピファニーの段階で悟った。

そして次に待ち受ける人生で何をしたらよいのかの全人的な解答（天から与えられた啓示のようなもの）を得たっていう。こんな不思議な感覚をシンはスピリチュアルだとして、エピファニーっていうキリスト教の言葉で表現した。

これって特別なことではあるんだけど、ごくごく一部の人にしか起こらないのかっていったら、そうじゃない。そうじゃなくって僕の故郷・静岡でも沢山の起業家が経験してる。

多分日本中・世界中で起こってることだと思う。俺の友達も沢山、こんな経験を語ってくれてる。ただ研究としてエピファニーのようなものを言葉にすることは死ぬほど難しい。

本当に大事なことって、なかなか見つめられないんだ。シンは本当にすごい研究者だ。完全に次代の扉を開いた。それじゃあ、次行かせてもらうな。

3.「ポジティブ要素への変遷」ではいったい、何が起業家に起こるんだ？

起業家は失敗から天命さえ学び取った。「ポジティブ要素への変遷」では、この経験を他人と共有するようになるんだ。さらに失敗することに興味を持つようになって、こいつをどう防ぐかってことも学び始める。

で、これだけじゃあ終わらん。さらに自分以外の失敗した人間の烙印を消すために、自分の失敗を話すようになるんだわ。そしてそれがまた誰かの人生の転換点になる。こういう人こそ、本当のメンター（指導者・助言者）だな。

失敗した起業家はこんなふうに「社会性」を持つようになる。このことをシンは「失敗はポジティブなものに変わり得る」って言ったわけだ。

だからシンの研究全体を一言でまとめるとこんな風になる！

> 失敗は社会性へとつながってゆく。

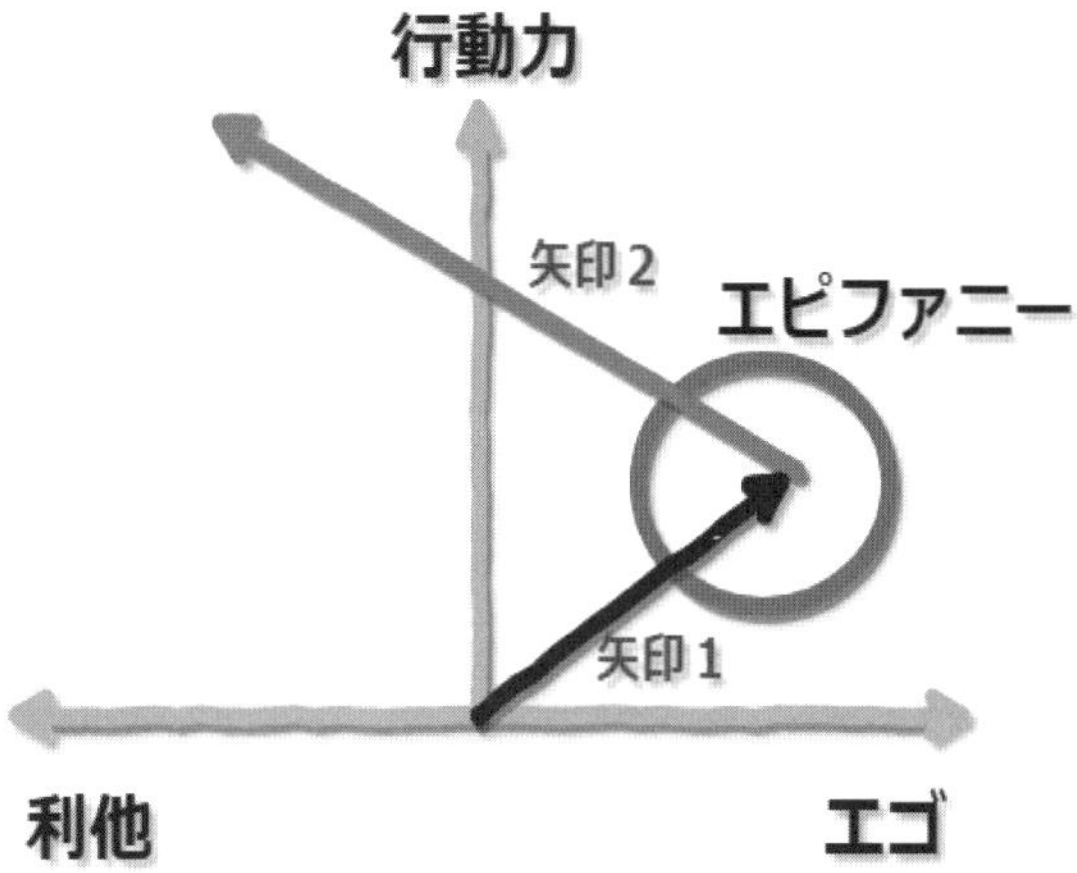

作図化は著者による。シンの論文にある図は、何言ってるのか全く訳が分からんもん。うん…ごめんなさい生意気で!

これ、ひと目で分かってもらいたいもんで図にさせてもらいます。それが上の図。

矢印１のプロセスでは、自身のエゴのために失敗に失敗を重ねちゃう。

そこからエピファニーから天命と社会性を得て、善循環（矢印２）へ向かってゆくんだった。

ちなみに、矢印１のプロセスではこれまで研究されてきたマネジメントの手法が機能しないんだ。

どういうことか？　お金に困っているにも拘わらず沢山の寄付をして倒産してしまうような起業家に、「管理会計を導入した方がいいです」って助言してても意味ないじゃん。

自分でもやばいって分かってて、それでも止められないんだから。正しく行動することが出来ないのに、「こんな風に正しい行動すべきだ」ってアドバイスしたって全く意味がない。

だけん、これまでの経営学ってそれしか出来なかったんだ。「どう正しく行動すりゃあいいか」ってことを言うことしか出来なかった。

だから、そんな悪循環（矢印ー）に陥ってる人をなんとかするにゃあ、「裏の経営学」って俺が勝手に呼んでる新しい経営学が必要になる。

これまでとは全然違うマネジメントが必要になる。裏と表を共に救えるようになってはじめて、経営学は全人的に人を援助できる学問になるはずだ。

だけど残念だけど、「エピファニーって、どうやったら起こるのか」ってことが分かってない。シンの論文にも載ってないし、シンにメールで聞いてみたんだけど、完全無視だった（汗）くそっ！W

だからこの本ではこの、誰も明らかにしてないエピファニーを起こす方法について明らかにしてゆく。生意気そうだけど研究ってそういうもんだから、かまへんわ！

だもんで大口叩いてやる。

「これこそが裏の経営学の始源である！」、なんか大研究者っぽいわ（笑）

〈第3勝　3節〉

どうでもいいけどこれ、中学生にどう関係するんだよ？

グーグルやアップル、フェイスブック、アマゾンなど名だたる世界企業が集うシリコンバレー。そこは超大金持ち達がひしめく街。

でも、そんな街にも貧困街がある。地区の小学校を統括している学区長、グロリア・ヘルナンデス・ゴフさんの言葉からこの節は始まる。※1-1 俺達はシリコンバレーの闇もまた知る必要がある。

「私が管理している生徒はこの5年で1000人減りました。(物価が高いシリコンバレーでは生活していけない)。まだ3000人の生徒がいますが、その44%はホームレスの状態です」

現在アメリカの子供のうち1500万人（子供人口の約5分の1）を超える子供たちが貧困ラインより下で生活してる。そのうちの700万人近く（約11%）が深刻な貧困（4人家族の場合で世帯収入が年間1万2000ドル以下）のなかで暮らさないといけないんだ。※1-2 日本の貧乏学生ですら、1人の仕送り150万円。※1-4 だから、1万2000ドルって1300万円くらいだ。※1-3 日本の貧乏学生一人分以下だよ!

それで一家4人が暮らさないといけないんだ。

最近日本でも「仕送りだけじゃ生活できない。だから奨学金がないと大学を出られない。だけど、将来返さないといけない奨学金の負担が大きい」ってニュースをよく見かけるようになった。

彼ら「一人」に対する仕送りが150万円だ。一人だよ、一人!! 一人ですら生活できない額より少ない額だでね！（だからね）。

そういう人たち、どうやって支援すりゃあいいだかね？　教育学の世界だと、次のことが重要だって言われてるんだ。

さっきも言ったけど、今の教育って国数英理社の5教科のスコアを上げるためにあるわけだ。それは今までの教育とは違った、もう一つの新しい教育だ。

こういうものって「認知能力」って言われてる。

論理的なもの。判断したり、理解するための能力がそれだ。

だけどめっちゃ困ってる方々を支援するために必要なのって、五教科の勉強みたいな認知能力を上げることじゃない。「非認知能力」を上げることが必要だって言われてる。※-5

「非認知能力って何？」って？

そりゃそうだよな！　非認知能力って、モチベーションとかメンタルケアとかがそう。新しい概念だとレジリエンス（回復力）とかGRID（グリッド：やりぬく力）とか言われるものがそうなんだ。

コミュニケーション能力なんかもそうだよ。こういう非認知能力が育ってないと、認知能力を伸ばすことは出来ない。

これ、さっきも出てきた図だけど、この図を見ると分かりやすい。

非認知能力が備わっていないと、矢印ーみたいに悪い方悪い方へ行っちゃう。それがしっか

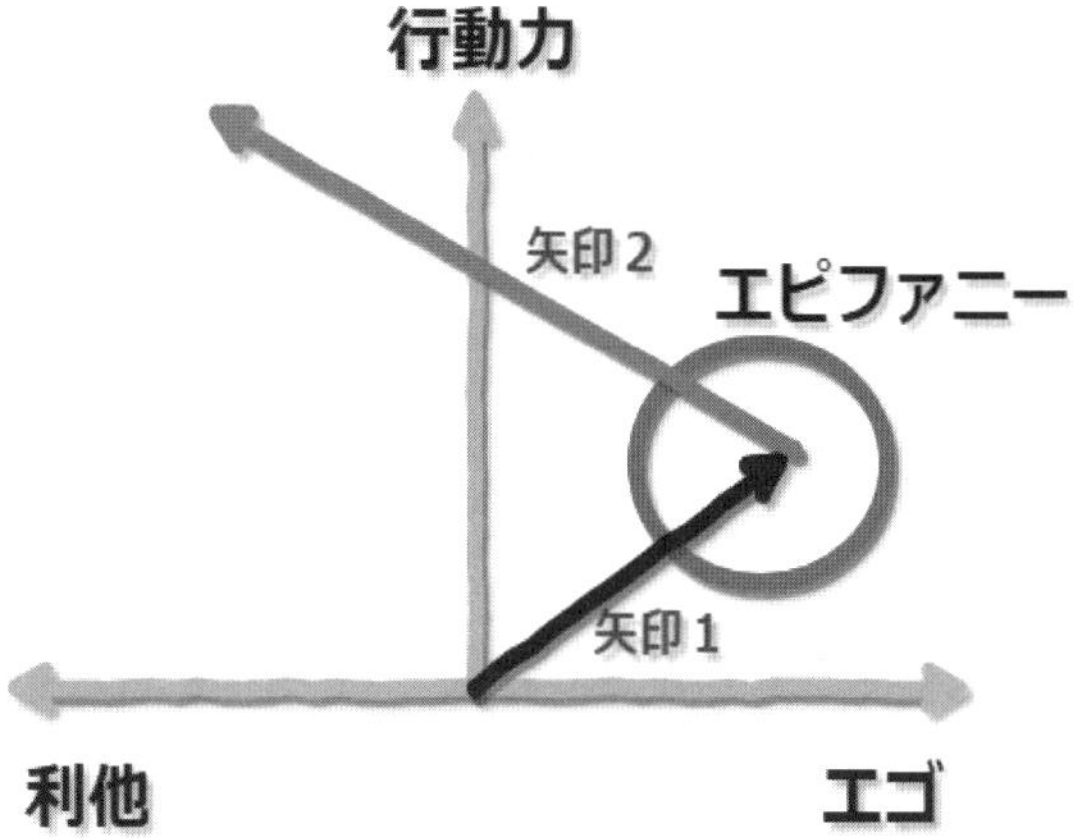

りすると、めっちゃ良い循環の矢印2へ行けるんだ。
だけど正直なところ、今の学校の先生ってほとんど認知能力を上げる力で評価されてる。「定期テストの点数50点アップ続出！」みたいにね。
ドラマに出てくる金八先生みたいな（昭和か？）〝いい先生〟って、あんまりお金の面では評価されてないらしい。もちろん生徒からは信頼されてるけどね。[※6]
研究によれば、非認知能力を向上させるために公的支援がなされると、犯罪抑止等に投資した額の13倍の効果があるんだって。[※7]
さらに非認知能力を向上させることに成功すると、生徒達は自分が努力や苦労によって成長することを確信するようになる！
非認知能力って言葉に出来るテクニックじゃない。状況、状況に合わせる力なわけだ。だもんで、人間関係の中でしか習得できない。
じゃあどうすればこれを伸ばせるんだ？

それって、生徒らのもつれた感情に鋭く、注意深く反応する必要があるってされてる。[※-8] さらに一つ付け加えたい。それは生徒だけじゃなくて、「自分」のもつれた感情にも鋭く、注意深く反応して、その様子を彼女らに見せる必要があるんだ。

やんちゃな生徒らって、こっちが親切に接しても、上手く親切で返せないことがある。しかもはっきり言えば、俺ら先生の親切が迷惑な時だってあるわけだ。

そんな時はしっぺ返しを食らうんだけど、それに対してちゃんと反応して見せる必要があるってことだ。これをうまくこなせると、底上げが必要な生徒らの、もつれた感情を解きほぐす模範になれる。

「もつれた感情にまなざしを向ける」

これん出来ると、俺ら先生だけが生徒らを教えてるんじゃなくて、あいつらが俺らを導いてるって姿を見つけれる。友が共にいる幸運。

ここから学べることは強制された勉学じゃない。友達って正しいことだけでつながってるわけじゃないじゃん。間違ってても一緒にいる仲だ。

そんな風に、間違っていても一緒にいられるよな教育じゃなきゃ〝やり抜く力〟とか〝コミュニケーション能力〟とかを手に入れることなんて無理なわけよ。だって、非認知能力って「もつれたものに取り組もうって力」だもんな。

【コラム】頑張り屋ほどドツボにハマるのって何でだよ？

不登校のAのお母さんが電話をくれた。

「すみません。Aの調子が悪くって、今月いっぱいお休みしたいと思っているんですが…」

「本当に良いことが全く無くて、先生に合わせる顔が無いみたいなんです…」

Aは本当にしっかりしてる奴。超頑張り屋なんだわ。

そんとき俺はこう言ったんだ。

「了解です！　でもそりゃ引きこもっちゃってるんで、イイことなんてないですよ。僕もそうだったんで良く分かります」

「僕はAに、イイとこだけじゃなくって、悪いことも話してほしいんです。今、高校で活躍してるAの友達のBなんて、当時不登校だったじゃないですか。でもアホみたく何でも話してくれたんですよ。で、大復活したじゃないっすか！」

「なんか一人で悩んで固まっちゃってるんで、ドツボにハマっちゃったって言うか。逆にYコーチとか俺みたいないい加減な奴と話して、揺さぶりをかけたらいいと思うんですよ」

アウシュビッツ収容所に入れられたんだけど、そこから見事復活を果たした心理哲学者、V・フランクル。奴が書いた本に『死と愛』ってのがある。昨日、立ち読みして偶然見つけただけん、そこの208ページにこんなことが書いてあった。

俺流の話し方で言うに！

「上手く行ってない時って、超悩むら？　そん時って一生懸命考えたり、超努力して解決しようとしても逆に上手くいかんだよ。そうじゃなくって、冗談言ったり羽目外してみるとかの方が断然イイだに」こう言ってた。

とにかくハマってる時って『緩める』ようにしんといかんのよ。

こんがらがったヒモの結び目をほどこうとして、ヒモ思いっきり引っ張ったら余計こじれちゃうじゃん。

(写真提供:無料写真サイト写真ACさまより　撮影:ラッキーエースさま)※19

だもんで、一生懸命が逆効果になることってよくあるわけよ。

絡まったら、緩めなきゃだめだぜ。

「何で分かってくれないだ！」

って、激烈に怒ったって上手く行かんじゃん。

「こんな俺なんか生きてても無駄だ」

って、生きてても無駄な理由を必死で並べ立てたって上手く行くはずんない。

誰でも、頑張れば頑張るほど嫌われちゃったりすることってあるら?「なんで俺ばっかこんな目に」って思ったりした時にゃ、緩めること忘れてるわ。

ムキになってドツボにハマりまくるより、後で出てくる藤枝MYFCの小山さんみたく旅に出たり、冗談言い合ってちょっとハメ外したほうが逆にイイわけよ。

これより、

これだよな!

上の写真見てくれ。下のは緩まってんのよ。

で、緩めるのって、人に言うだけじゃないに。自分に言い聞かせる時もそうなんだと。『図解　モチベーション大百科』って本にあった話、紹介させてくれ。※20

単語の順番を入れ替えて別の単語をつくる「アナグラム」っつ～遊び

使って、ある心理学者が実験したんだと。

アナグラムって阿藤快（あとうかい）→加藤あい（かとうあい）みたいな遊びな。Aチームと Bチームで、どっちが沢山アナグラムの課題を解けるかって実験しただわ。

Aチームの人は、「俺はやる！」って自分に言い聞かせた。

Bチームの人は、「俺、やってくれる？」って自分で自分にお伺いを立てた。

ここでクイズだけん、どっちが効果あったと思う？


正解発表!! スマン。

Bチームの人はAチームの人より平均して50%多く課題を解いたんだと!! だもんで、自分になんか言う時でも緩めて言ったほうがいいだよ。

変に強く命令しちゃだめだと。他人にも自分にもそう。自分も他人もおんなじなんだわ。

そう言えば、さっきの元不登校で今超活躍してるB。この間それでも大失敗して部活謹慎になったんだわ。だけん、一人旅に行って見事復活してた。

さすがだ！ 昨日聞いたら、理科の実験でめっちゃはしゃいだりしてるらしい。それがイイと思うだよ。

固くさせちゃだめだら。緩めんと。揺さぶりかけりゃ、逆に冷静になれるんじゃないの？

現状よく見えるようになりゃ上手くいく。意外にそんなもんだら？

第4勝

生きる意味のつくり方

絶対分かってもらうための、全てのカウンセリングの基盤『現象学』

〈第4勝　1節〉
現象学って全てのカウンセリングの基盤なんだ

ところで、さっきの問題に戻らせてもらうな。で、なんだったっけ？

えっと…、そう

運命の要換点、「エピファニーってどうやって起こせばいいんだよ？」

こいつが問題になっていたっけな。こいつを解明してくんだった！　忘れかけてた？　ことはねぇよ！（汗）。ただな、正直言って、「は？　エピファニーの起こし方？　そんなもんどうやったら分かるんだよ！　難しすぎるにも程があるだろ」って感じじゃん。

俺の指導教官もそう言ってたわ。

俺の指導教官は超一流研究者、森勇治先生。先生も「エピファニーの起こし方を見つける？　そりゃあ無理だろ？」って言ってた。「そんなの分かったらノーベル賞もんだ」って。だもんで、形にした時にはめちゃくちゃ驚いてたよ。

ちなみに森先生は超一流研究者の証である、凄い学術研究誌（海外のトップジャーナル）に論文が掲載された先生なんだ。[※1] 先生が把握している限り、会計学者でトップジャーナルに乗ったことがある日本人は3人しかいない。

だから言ってみりゃあ、日本の歴史上、３本の指に入る会計学者だってことだ。

それじゃあ本題に戻るでな。

エピファニーを解明するために必要だったのが、ＩＰＡっていう研究手法だったんだわ。これ見つけて理解するの、実は結構苦労したわ。ＩＰＡって日本語にしても超難しい。「解釈学的現象学的分析」っていう呪文みたいな日本語だ。くぅ〜！　ぐわっ！　なんとかならんだかな、コレ。確かにくそ難しそうだけど、くそ難しいのは言葉だけだ。

で、ここで一番重要になるのが現象学ってやつなんだわ。こいつは全てのカウンセリングの基礎で、人が生きる基盤を明らかにした学問なのであるのだ！

だもんでここから何が分かるのか？

それは…

「俺たちはどう生きるか！」ってことだ。

「俺たちはどう生きるか」

しかし、なんか俺が言うと金が無くて生活に困ってる奴の言葉みたいに聞こえるもんで言い直させてもらうわ。

『君たちはどう生きるか』

うぉ！　さすが名著。締まったわ！　…ごめんなさい。

写真提供共有サイト flickr より

現象学という学問をしっかり知るだけで、この疑問についてかなりの精度の指針を手に入れることが出来る。元々はめちゃくちゃ難しい学問なんだけど、ここで俺が誰にでも分かるように解説させてもらうな。成長して、もっと深く悩んだら原典に当たってみてくれ！

ちなみに現象学を一番最初に世界に提示したのはフッサールって人。

めっちゃ難しい言葉を使うけど、フッサールは現象学を「客観的世界に対するアンチテーゼ」として世の中に送り出したんだ。

すまん！「なんだそれ？」って感じかもしれん。

え？「そんなの分かる」って！　ナイスだ!!

〈第4勝　2節〉
主観的（勝手）に生きろよ!?

「客観的世界に対するアンチテーゼ」って何だ？　まず「アンチテーゼ」って難しそうだけど、

実はこっちは簡単だ。

例えば「学校のアンチテーゼ」って言ったら何か？「Youtube」とか「ゲーム」とかの「遊び」のようなもののことなんだ。言ってみたら、「先生」に対する「ユーチューバー」とかだ。

どんなものにも対立するものがある。その対立するものの価値を示すことが〇〇に対するアンチテーゼだって思ってくれれば大丈夫だわ。

で、ここまででアンチテーゼっていうのが何なのか解説させてもらった。

「じゃあ『客観』って何よ？」って。それが分かれば「客観的世界に対するアンチテーゼ」の意味が、パーフェクトに分かる。

え？「客観なんて俺に関係ない」って？　そんなことないよ。高校に入ると「客観問題」って言われるテストもある。それに中学だって今（２０１９年）のテスト問題ってほとんど全部、客観問題なんだ。

じゃあね、「客観」ってなんだろう。


例えばさ、国語のテストでこんな問題がある。

問題：この作者が何を言いたいのか、次の選択肢から選びなさい。

これに対して、テレビに出ていたあるフランスの有名な方はこう言ってたんだ。「フランスの教育って、どんなことに対しても自分独自の意見を話すように言われる。それが当たり前だと思ってた。それなのに日本の教育って何だよ！　これを言えって、答えが勝手に決められていて、それ以外言っちゃいけないなんておかしいよ？」

確かにそんな意見が出ることもわかるわ。実際それって、日本人に足りないことだしな。しかも自分の意見を言うことって超重要かつ超面白いことだ！

痛恨だけど日本の教育には今、そこが足りない。


だけど実は、それって「主観」の意見なんだわ。問題で求められているのは「客観」の意見だったよな。簡単に言っちまうと、主観って、主《あるじ》の意見、つまり自分の意見のこと。で、客観って、人の意見のことなんだ。だから客観問題って、人が何を言おうとしているのかを正確に把握してくれっていう問題なんだ。

「人が言うことを正確に把握する？　そんなこと出来るの？　だって人間ってみんな独自の意見持ってんじゃん。読んだとき、聞いたときに、人の意見をどう受け取るかなんて、全員違うはずだろ！」

こんなふうに良く言われるんだ。なるほど、その通りではある。だけど、しっかりした文章っていうのは、その作者が何を言いたいのか、その主張をちゃんと把握することが出来るんだわ。

だから客観問題の答えも一つに決められる。

どういうことか。例えばこれを見てほしい。

1＋1＝2
数学の式って、誰が見ても同じように理解できる。数学って、論理だ。論理って、誰が見てもおんなじように分かる。文章でもおんなじ。

論理的に筋道を立てて書かれた文章ってのは、作者の主張を誰もが同じように読み取れるんだ。もちろん、文章の論理の道筋をしっかりとつかまないといけないもんで、難しい。難しいけど大切だもんで国語で出題されるわけだけんね。まあしょうがないよな。（つ～か、言っとくけどこうやって頭使うのって面白いでな！　一応先生だもんで言っとくけん。）だもんで、「まず、作者の書いた文章の論理を読み取」らんといかんわけ。で、設問じゃあ「この作者がどう考えているのか答えなさい」って出題される。論理を読み取って論理に従って答える。それが客観問題だ。

だけどまあ正直な話、かなりの生徒らが、作者の書いた文章の論理を完全無視してるんだわ。で、『作者』はどう考えてますか」って設問に、「『俺は』こう思ってるだでな！」って設問解こうとしてる。そんなんで正解出るわけね～って。

スマンな毒舌で！（汗）でも、さっきのテレビに出てるようなフランスの人でもだめだったじゃん。だもんで、こいつを理解してる人って超少ないんだわ。便利だもんで覚えといてください。

閑話休題。

「誰が見てもおんなじ」、それが「客観」っていう言葉の意味でもあるんだ。現代において科学的っていう言葉は、客観的に正しいことと同義なんだ。（ホンマは違うだけんな。どういうことか後で言わせてもらうでね！）

「誰が見ても正しい。だからそれは科学的に正しい」。これは分かるよな！

現代の科学は客観的であることを求められる。客観の科学なんだ。

だもんで客観的に物事を捉えることが大切にされてるわけだわ。

これ、フッサール以前はそれが当たり前だった。今でさえ、ほとんど全ての研究者が客観こそが大切だって思ってる。だけどフッサールはこいつに異を唱えたわけだ!!

主観の方が凄いだろ！　科学的だろ！って言った。こいつが、この勝（章）の本題だ。

どういうことだろう？　だって、主観みたいないい加減なもの、揺れ動くものが科学だって言うだぜ？

〈第4勝　3節1〉

「神はいる!?」

ある人が、「神はいる」って言ったら、現代の科学はどう扱うのか？　そいつを考えてみようぜ。

「神はいるって言ってもなあ。証明できないし」

「それって客観的に正しいんですか？」

「神って言われても…。非科学的なんじゃないでしょうか？」

こんなふうになりがちだ。冷てえよな。こんなこと言われたら「なんだこいつ？」って頭にくるわな（笑）だけど現象学の立場は全く違う。

研究調査をするとき調査の対象の方が「神はいる」って話してくれたら、「分かりました。神はいます」って、相手の立場に立って話を聞くんだ。そうしないと、そもそも何にも話が進展しないし、フィールドワークの研究をしようがない。

これだけでも現象学ってかなり幅の広い領域を扱うことが出来ることが分かるよ。

じゃあ突然だけど、これからペースを上げて現象学の本質に迫らせてもらうな!!　これまでの話が、人間存在の核心につながっていく。

「人ってなんだか不思議」

「人って楽しいし悲しい」[※2]

俺たちは人を見た時に、こんな風な疑問を感じるはずなんだわ。

「なんで楽しいだよ？　なんで悲しいだよ？　お前って不思議な奴だなぁ」

そう、「なんで？」って問いかける。

ハイデガーって哲学者は言ったんだわ。

「人は、存在してる限り疑問を投げかけられます」。

ハイデガーは、「存在」の核心に迫ろうとした。[※3]

「人間にとって、世界って、どんな意味を持ってるんだよ？」

このことを解き明かそうとしたんだわ。で、この時に彼があみだした「人が存在する意味」を探るための手法。それが「解釈学的現象学」[※4]だ。

そう、分析手法ＩＰＡ【解釈学的現象学的分析】はここに端を発するわけだわ!! 彼はヘーゲルの現象学を発展させた。

異常に難しい名前はいいとして、具体的には何するかと言えばこうなる。次のことを見てもらうと、ＩＰＡを使うとエピファニーを解明できることを分かってもらえるはずだ。

現象学ってこんなな感じで使うんだ。

「客観的に正しいことが重要」、っていう従来の科学とは全く異なるのが現象学だわ。神というものがその人にとって重要な意味を持っているなら、その主観を大切にする。現象学にとっては、主観的に正しいことが重要なんだ。

つまりは客観的に見て「間違っていることが重要」なのだ。

間違っていることを大切にして初めて、その人が見る世界の「意味」を掴むことが出来る。

そう、世界は間違いで出来上がっている!!

モノ、物質の世界を理解する場合とは真逆の態度が必要となってる。


これまで重要だとされてきた「客観」の知識って、モノを研究する場合には絶大な威力を発揮してきた。

例えば水素（H）と酸素（O）がくっついたら水（H_2O）が出来る。こんな風に、科学にとってはモノをいつでもどこでも同じように操作できることが重要だったんだ。物理学も化学も最近の学問はなんでも、こんなふうに客観の科学に基づいてきた。そして、凄まじく発展した。


だけど、これを人の心理の世界に応用しちゃうとおかしくなっちゃう。人の世界観ってそもそも間違いから出来上がってたよね。だもんで、モノみたいにみんなを同じように操作しようとすると上手く行かないんだ。

ある生徒にはウケた話も、他の生徒に話すとスベったりする。野球をしてる生徒に「大谷選手はこうやって努力してきた」って話したら、身を乗り出して聞いてくれる。

だけど、卓球しか目に入らない生徒に大谷選手の話をしても、「俺、大谷選手関係ないし…」ってなる。ある生徒がやる気を出した話でも、他の生徒に同じように通じるわけじゃない。

	モノの世界　客観重視	心理の世界　主観重視（現象学）
何が大切？	誰が見ても正しいことが大切。 すなわち客観が大切	「その人にとって世界がどんな意味を持っているか」、ということが分かることが大切。 間違っているものを大切にする。 すなわち主観が大切
代表的学問	物理学や化学など 現代の科学的学問	フロイト・ユング・アドラー等、 サイコダイナミクス （力動精神医学） カール・ロジャーズの カウンセリング
操作の可否	操作可能 例えば化学 （$2H_2+O_2 \rightarrow 2H_2O$）	操作不能 （人間は操ることは出来ない）

人はモノのように操作できないんだ。

心理学の世界でも実はフロイトがその誤りを犯した。フロイトがした話が彼の生徒にウケなかったんじゃなくて、彼は客観の科学である物理学を主観の科学でなければならない心理学に応用しようとしたんだ。※5

今、実は心理学の分野ではフロイトやユングのような力動精神医学と呼ばれる心理学は下火になってきちゃった。「無意識なんて科学的じゃない」って言われてるんだ。

フロイトは自分で自分の首を締めちゃったんだ。西暦1900年から2019年、120年後の自分の首を。でもな、これだけは言える。彼らの学問はマジですごい。俺らも当然耳を傾けるべきだ。

なんだか面倒くさい話になっちゃったけど、フロイトは現象学と客観の科学を区別できなかった。両方ごちゃまぜにしちゃって、自分の首を絞めちゃった。

ただ、俺ら側でそれを区別することさえできれば、彼の研究の多くは超有用なんだわ。前頁の表にちょっとまとめてみたでね。

〈第4勝　3節2〉
人間が存在する意味を解明した奴がいるんだ

で、ハイデガーの主著、『存在と時間』を一言で表すとこうなる。

「この本で、『生きる意味をどうやって見つけるか？』ってこと解き明かしたぜ！」

「患者さんが人と仲良くなれるようにサポートして、カウンセラーもまた、その患者さんから真剣に学ぼうとする。そうすると、その人の生きる意味がわかってくる」

こう言ってる。なんでこれで「生きる意味」が分かるんだろうな？　マジ、なんでか超気になるわ!!（俺だけ？）

アドラーは、「落ち込んでる時こそ人格を磨くチャンス」だって言った。[※6]なぜかって言えば、「人が自分の人格を振り返るのって落ち込んでる時だけ」だもんでだ。

確かに、そう言やあそうだよな。

この時、実は正しい答えを出そうとしたらダメなんだ。

ごめん！　こいつはしっかり説明させてもらうぜ！


例えば僕の友達のMさんはこんなことを語ってくれた。

「私の家は代々庄屋さんでしたが、村の人たちから年貢を搾り取ってばかりいたんです。僕は子供の頃よくいじめられたんですが、先祖のことを知ったらその意味がよく分かりました。僕がいじめられることでご先祖の償いをしているんだって。

だからいじめられることが快感だったんです。僕がいじめられることでご先祖様を償えるんだって思って」


Mさんはそこからとてつもなく学問をされた。この辛さから得た技能や知識、行動力を駆使して今は沢山の人を支えてるんだ。僕も支えてもらってる。言っとくがMだからMさんのわけじゃないでな。

Mさんの例は難しいけど、もっと簡単な例もあるよ。例えば、

「僕のお父さんは亡くなったけど、それは僕に愛の意味を教えるためだった」

さっきの話に戻ろう。辛い目にあった時、正しい答えを探してそこから逃れようとしてもダ

メだって話だった。
これは大尊敬する河合隼雄先生も言ってるけど、人が亡くなった場合でも、「なんで亡くなったのか?」っていう客観的に正しい理由なんて、生きるためにほとんど役に立たないんだ。※7
心不全で亡くなった、出血多量で亡くなった、脳梗塞で亡くなった…。

残されたものが求めるのはそんな単なる客観的な事実じゃない。「愛を教えるために亡くなった」。こんな苦しみの意味だよね、欲しいのは。

ハイデガーやロジャーズはこれを「解釈」って呼んでる。だもんで正しい事実を見つけるんじゃなくて、自分の中でこなさないといけないんだ。

解釈だから正しい必要なんて全くない。「愛を教えるために亡くなった」。こんなの正しいかどうかなんて証明できないことだしな。


生きる意味を見つけるためには解釈しなきゃいけないんだ。だからハイデガーの哲学は「〝解釈学的〟現象学」って呼ばれるわけ。

客観的には間違っている自分の主観を捉えて(これが現象学)、それを解釈するんだ。苦しみを解釈すること、こいつが生きる意味を見つけることなんだって彼らは言う。

ロジャーズやユングは、生きてる意味を見つけるのはカウンセラーじゃなくって、その人自身だって言ってるよ。だからカウンセラーは手助けをする人なんだ。

ただ、中国の賢者、孟子も言ってるけど、そうして人を助けていると他の人が生きている意味だけじゃなくって、逆に「自分が生きている意味」も分かるんだと。

おあいこだね。だから研究者が研究することには「力」があるのさ。


キミにとって世界ってどんな意味を持ってるんだろう？　つまり、キミの生きる意味ってなんなんだろう？

それは他者がより良く周りの人達とコミュニケーションをとれる人になれるように支えることで見えてくる。自分だけを見つめたって分からないよ。

〈第4勝　4節1〉
世界一起業が難しい国、日本　スピリット（やる気）全くなし

次頁のグラフを見てくれ。GEM[※8]（グローバル・アントレプレナーシップ・モニター：世界規模の起業家精神の調査）の2017／2018年版。そこじゃ起業スピリット指数ってものが2017／2018年版から、これまでの調査に加えて新しく調査されるようになった。[※9]

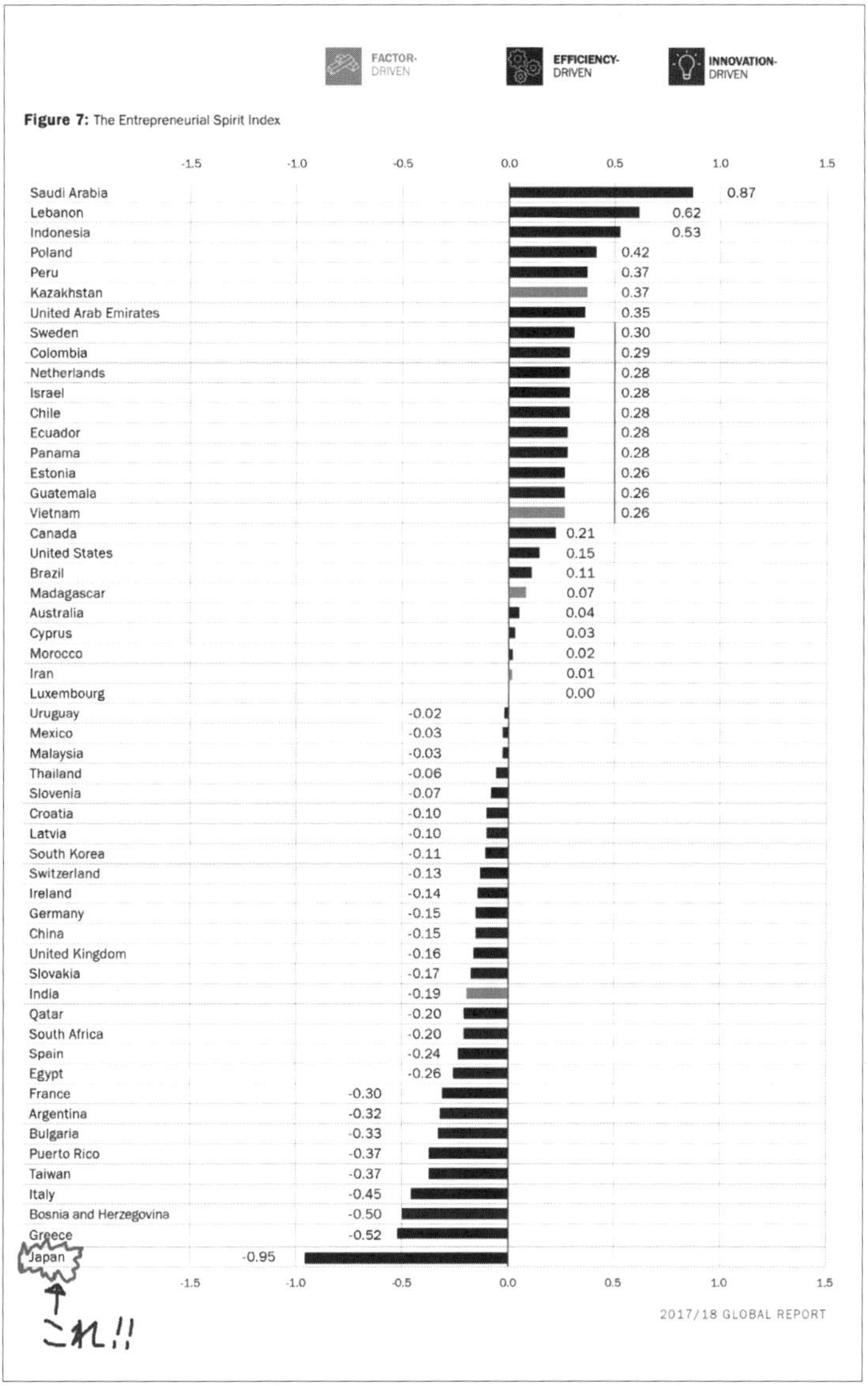

Figure 7: The Entrepreneurial Spirit Index

それをグラフにしたもので、日本は一番下にいる。言わずもがな「Japan」のところだ。残念ながら下にいるほどスピリットがないってことを、つまり起業に対してやる気がないことを示してる。くそっ！　我が日本！　起業家研究者にとっては痛恨の極みだ！

しかもビリ2位にダブルスコアをつけそうな勢いでのダントツ最下位。関心しちゃうくらいダメなやつだわ。

実はこの指数が使われる前にはＴＥＡ（Total Entrepreneurship Activity：起業活動率）っていう数値で各国の起業の活発さを測ってたんだ。僕が調査して入手できた日本のＴＥＡが載ってるＧＥＭは15回分だ。

で、日本のＴＥＡは、15回中4回最下位、5回ビリ2位だった。

やべぇ。しゃれにならん（汗）どうすりゃいいんだ？

〈第4勝　4節2〉

起業家がなんで起業するのかっていうと…

日本人って世界一、起業スピリットがない民族だった。産業構造の転換期である今、こいつはヤバいぜ。でもこの惨状なんでなんだ？

そもそも起業家ってなんで起業するんだろな？　実はそれを研究してくれた人がいるんだ。マーク・サイモンさんら先生たち。『人はどう起業を決心するのか』[※10]という論文だよ。

そこでマークたちは偏向が大切だって言ってる。偏向って何だ？　気持ちの偏りとか思い込みとかのこと。マークたちは、そういった偏向が起業を決心するのに不可欠だって言ってる。

アメリカのコメディエンヌ、ティナ・フェイは『ヴォーグ』って世界的な雑誌のインタビューに「自信は10％の努力と90％の思い込み」って応えてるくらいだわ。[※11]

だもんで実行力と思い込みって、めっちゃ関係があるのよ。

もちろん、何でもかんでも思い込みが激しけりゃいいってわけじゃない。起業に適した思い込みと、そうじゃない思い込みがあるってわけよ。

で、どんな偏向が起業の背中を押すのかっていうと、

1. まず、「自分に自信持ちすぎ！」ってやつがいい。
2. 次に「あんまし調べないで出来あがっちゃった危なっかしい思い込み」[※12]。これもめっちゃいい。

こういうのがあると起業できるって言ってる。

「やべぇ。起業家って馬鹿なのか」

たしかにこう思うかもしれんことは否めん。

まあまあ、そう言わずにちょい考えてみようぜ。

人を起業に走らせるものは「偏向」だった。これって実は、俺らが受けてる教育とは真逆なんだわ。

そもそもなんで勉強するのかって言ったら、「正しくあるため」「間違えないため」。

そんなためじゃん。「100点とれ」って言われるじゃん。

今の教育って「客観」が大事なんだもんで。※-3 そらそうだわな。客観って「誰から見ても正しい」ってこと。だもんで満点獲れって言われるわけだ。

だけん、バカまじめだとヤバいって研究がある。

〈第4勝　4節2—1〉
システム2で行こうぜ！

昨日、兵庫県からわざわざ掛川まで俺に会うために来てくださった、スーパーコンサルタント川崎剛史先生と話した時に出てきた話題があるだよ。

ノーベル賞学者で行動心理学のダニエル・カーネマンって奴が書いた『ファースト・アンド・スロー』って名著の話題なんだわ。※-4

先生んカッコよかったもんで、さっきそいつを読み返してみたんだわ。

何書いてあるかって言うと、システム1、システム2っつ〜人間の2コの思考方法のことが書いてあるんだわ。

システム1：自動思考
システム2：熟考思考

の2つ。自動思考って、車の運転とか掛け算の九九とか、複雑なのにパッと出来ちゃうやつのこと。いかにも自動思考っぽいじゃん。

で、熟考思考ってしっかり考えて答えを出すやつ。

こいつを見てて思い出した。

創造性を損なわない教育方法っつーことで注目浴びてる『プロジェクト・ベースド・ラーニング』ってのがあるのよ。※1-5 それ思い出したんだわ。

著者のジェーン・クラウスが「教育の究極は探究心を育てることにある」っつってた。そう言われてみりゃあ、探究心さえありゃぁ自分で勝手に調べまくるもんで、ガンガン色んな事を覚えられるよなぁ。

だもんでな、カーネマンが言うシステム２の熟考思考。こいつはめっちゃ考えるもんで「探求思考」なわけじゃん。で、こいつを鍛える環境づくりってのが新時代の教育になるはずなのよ。こいつさえありゃぁ、超勉強できるようんなるんだわ。

で、『ファースト・アンド・スロー』に書いてあるシステム２の特徴を見てみるでな。何て書いてあるかっつ～と…

「熟考思考って、人が物事をどう関連付けるか、とか、どう選択するかっつう、『主観』と大いに関係があるんだぜ」

って言ってんのよ。好きなもん選んだり、気になるもの同士を関連付けるのって主観じゃん。だもんで主観が大切になるのよ。探求したり熟考したりするにゃあね！

まぁ、カーネマンの口調はもうちょい上品だけんな。

だども、ちょい考えてみてくれ。現代の教育って客観の教育じゃんか。どんだけ俺らの主観を殺して、世の中の正しいってされてるもんを詰め込むかってやつだったじゃんね。

だもんで探究心育たんのよ。客観の教育じゃあ言われたことだけやる奴しか育てられん。

だもんでどうなるかっつ～と、ちょい左の表みてくれよ。[※-6]

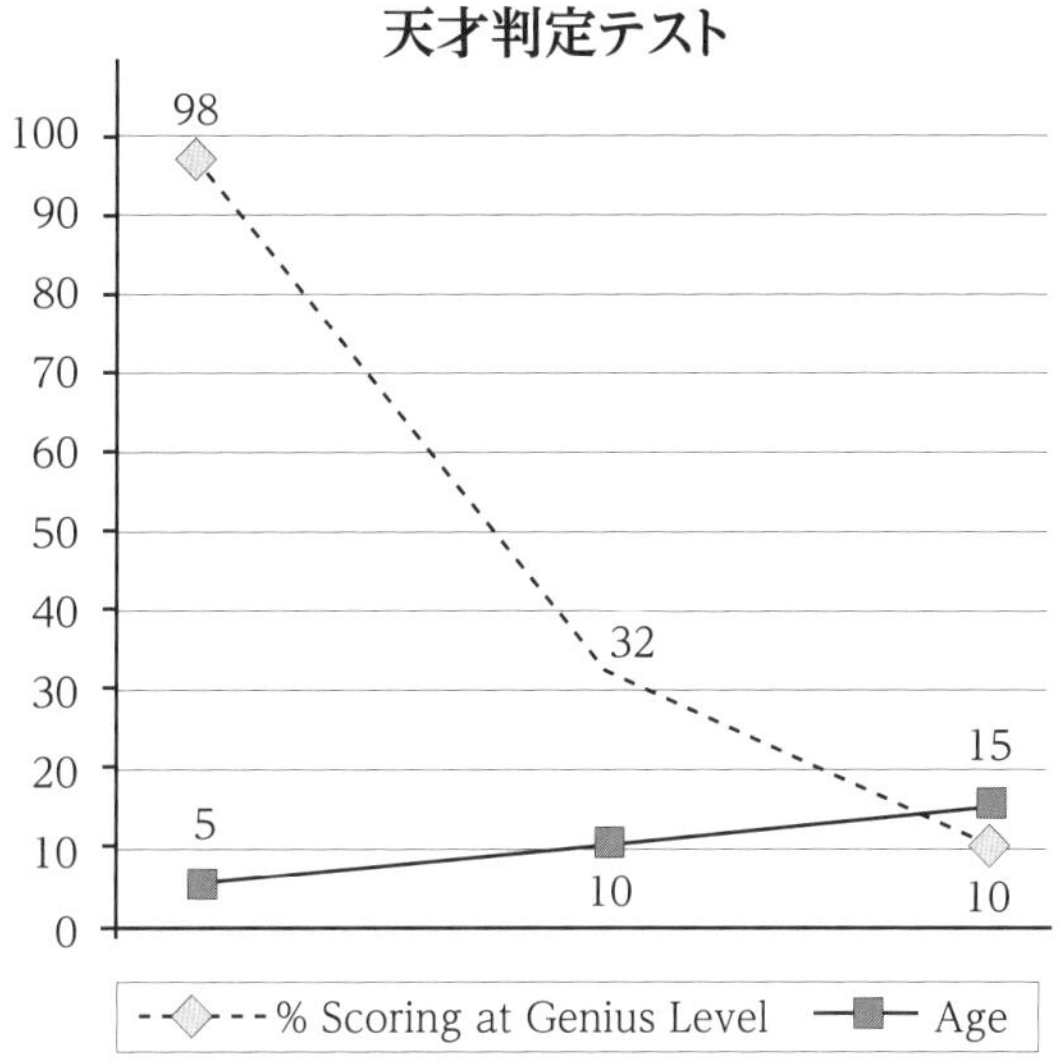

世の中ニャア不思議なもんがあって、天才判定テストってやつがある。こいつにはその結果が載ってるんだわ。まあまあ読みにくいけん、グラフの一番左は5歳の時にゃ、何パーセントの奴が天才か調べた結果なんだわ。

　こん時、98パーの奴らが天才なわけ。

で…

10歳になると32パー。

15歳だと10パー。

やべえじゃん。もっと言やぁ、20万人以上の大人に同じテストしたら、天才レベルの創造性を示す奴らって2パーしかいなかったんだわ。

さらにだ。まだあるやべぇのが！

ピサ（PISA）っていう、超有名な国際学力テストってやつがあるだよ。そいつの点数と、国の起業活動指数（TEA）ってやつを比べたのが上の表なのだよ。[※I-7] 濃い色が学力テストの点数で、薄い色が起業活動指数だぜ。

これ、超変な事ん起こってる。ＰＩＳＡの点数が「高きゃあ高い」ほど、起業活動指数が「低」くなってんだわ。逆に、バカほど起業出来てる。

どゆことだろな？

今の教育ってやればやるほど、天才を凡人にして、新しい産業も作れんくしちゃってるのが分かる。主観を殺しちゃうもんで、探求出来んくなってる。

探求が出来んもんで熟考も出来ん。こんな勉強、クソでもねぇな。

大学の一個後輩でＺＯＺＯテクノロジーの社長、金山裕樹が言ってたっけ。[※1-8]

「やれって言われてやる仕事と、やりたくてやる仕事じゃあ、意味合いが全然違うぜ」って。

やらされてやる仕事なんてしてりゃ、「どうやってサボってやろっか？」って考えるじゃん。やりたくてやる仕事ならアホほど仕事したくなるぜ。そっちゃんなきゃだめだわ。

国際学力テスト

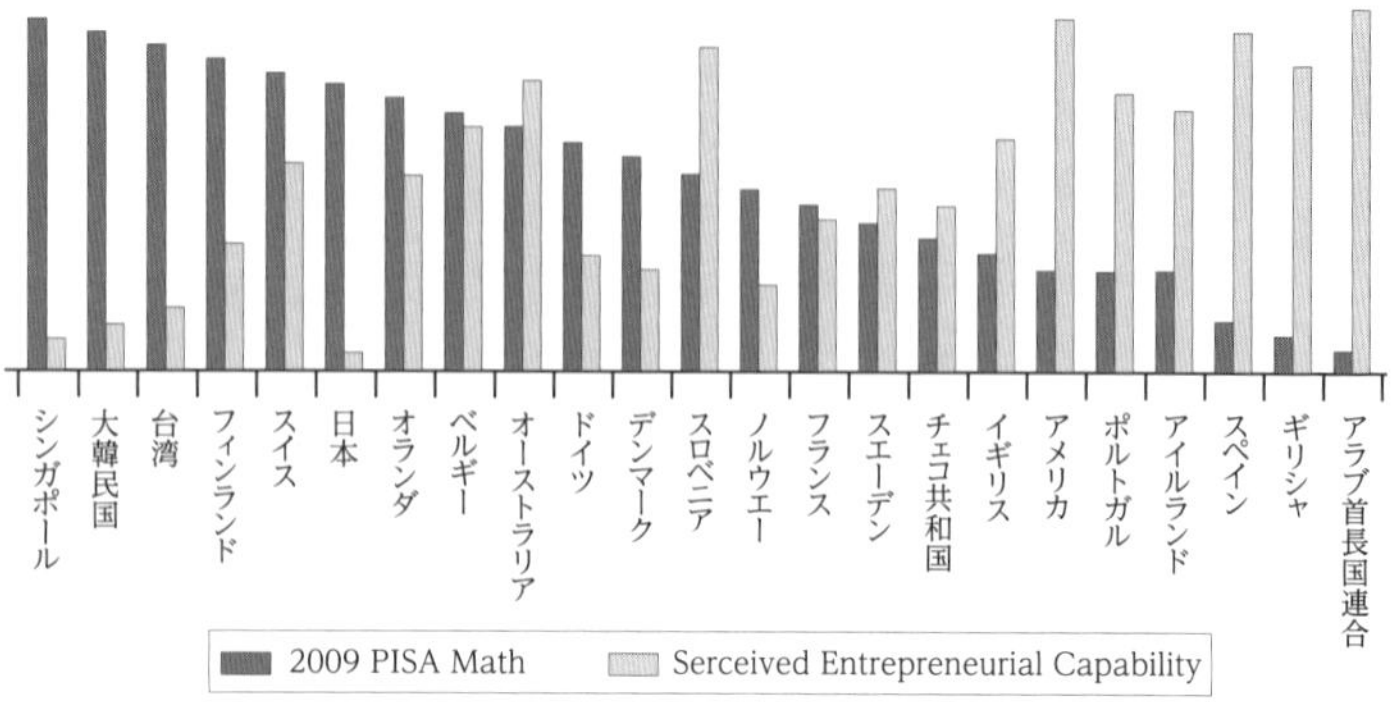

国が滅びるぜ。

それに、くそ真面目なやつらって、アホほど準備するじゃん。

俺も実は最初、塾を始める前に「塾やるって言ってもコピー機ないし、TOEIC990点とってないいし、カウンセリングやりたいけど公認心理士もってないし……、簿記忘れちゃったで公認会計士とらんといかんし、法律全く知らんから司法試験受からんとヤバいし」って準備することばっかり考えてた。

で、大先輩の中溝さんに「とにかく始めてから考えろ！それじゃなきゃ、ホントに必要な事が何か分からんぞ」って言われた。経営者と学者じゃあ、考え方が逆なんだ。

学者は考えてからやる。経営者はやってから考えるわけ。

頭いい奴って「勉強して間違えんようにしんといかん」って思って、永遠に準備ばっかりしようとする。そんなこと言ったら塾ですら、「英検1級満点とって、高校の数学も古文漢文・物理・科学……も全部完璧に覚えて」とか、永遠に始めらんない。

こんなの全部やるなんて10回生まれ変わったって無理だら。

「客観的に見て完璧」なんてこと、起業に限らず実生活であるはずねぇのよ。「主観的にやる気まんまん！」ならあるけんな。

じゃ、俺の起業家の友達はどうやってたか？

「新しい仕事受けるようになったけど、はっきり言って俺、そのこと全然知らんだよ。だもんでyoutubeでやり方見ながらやってるぜ。それで仕事バンバン来る」って言う。

で、ここで偏向と教育の話に戻らせてもらうわ。超分りやすくなってるに。


起業するためには、この2つの偏向が大切だった。
1．自分に自信持ちすぎ！　ってやつ。
2．あんまし調べないで出来あがっちゃった危なっかしい思い込み。

「間違えちゃいかんって教育」「正しいことをしろって教育」。それが今の教育だもんな。全く逆だ。間違えんと起業できんのに、「間違えちゃいかん」とか！　〝正しい教育〞↑こいつのせいで永遠に起業出来んのだ。実践って間違えながら覚えてくことだもん。

「間違えちゃいかん！」なんて言ってたら永遠に何もできんら。


だもんで「客観」の教育じゃあ、何にも出来んだよ。

「あえて間違えろ」

これって完全に「偏向」だよな。あえて「間違えろ」なんて言ってるんだから、馬鹿ですらある。だけど間違えないと絶対だめだ。

日本人はくそ真面目だ。『日本人の国民性調査』[※19]だと、日本人の特徴として〝勤勉〟〝礼儀正しい〟〝親切〟を挙げる人が7割を超えたって書いてある。

素晴らしいといえば素晴らしいけど、言われたことをアホみたく守るもんで過労死も「KAROSHI」って英単語にまでなって、世界に悪名を轟かせてる。

正しいことっていつも間違ってる。正しいことしてると永遠に変わらないし死ぬほど不自由だ。だもんで「間違えろ！」って教えんといかんら。主観の力をもっと信じろよ。

これが出来んもんで日本人って世界一起業する精神力が弱いんだわ。

シリコンバレーって逆なんだわ。「間違えて復活して」を繰り返してきたやつの方が評価が高い、その方が実際強いからな。そこじゃあ、「お前これまでどれだけ失敗してきたんだ？」「で、どうやって起業して復活してくつもりなんだよ」って聞かれるわけ。[※20]

Yコンビネーターっていう最強の起業家の修行機関かつ投資機関の創業者、ポール・グレアムは起業志望者にこう問いかけるんだ。

「きみの今までの最大の失敗は？」[※21]

「失敗を隠すな。きみたちがどんな失敗をしたって金を返せとは言わん」[※22]

「創業者があきらめないかぎりスタートアップ（起業）は失敗しない」[※23]

面白いこと考えるやつって皆んなガンガン間違える。逆に間違えないやつなんて全然面白くないのよ、実際。
正しい教育じゃあ何も始めらんない。間違える教育じゃなきゃだめだ。
主観じゃなきゃ始まんない。
客観じゃぁ、永遠に準備しか出来ねぇ。
だからガンガン間違えようぜ。そっから復活すりゃあいい。

教育学者のワグナー先生なんか、こう言ったほどだ。
「学校に通えば通うほど、子供は好奇心を無くす!!」[※24]
「正しいことをさせなきゃ」、なんて言ってるもんで、つまんなくなる。
「間違えちゃいかん」って、言ってみりゃなんもするなってことだもんな。
正しさなんかクソだ。もっと間違えろよ。

【コラム】俺らは囚われる。だけど囚われって、果たして何からの囚われなのか?
マジな話、俺らって重鎮にいっつも怒られてるじゃん。だもんでさ、正直なとこ「あいつらも同じくらい怒られろよ! コノクソヤロウ」って思ってるわけよ。「お? お?

テメェは間違えねぇって言うのかよ?」って。だけんな、偉いもんでなかなか間違えねぇじゃん、あいつらって。まあ間違えやがっても、黒を白にしやがるからタチ悪ぃわ。
だけんな、見つけたのよ。重鎮中の重鎮みたいな奴が間違ってるとこ。実にかの孔子さまの著書『論語』を訳したキングオブ重鎮みたいな奴らが揃いも揃って大間違いしてやがった。

やり〜。

だもんでこっそり2chとかツイッターでディスるみたく、この本でディスってやろうと思うわ。正直なんの恨みもないけどな。

俺、思うだよ。日本に伝わってる『論語』の第1章「学而第一」の第8の訳、絶対間違ってるって。中国語とかは読めんけど、多分そっちでも全滅だぜ。

だって『論語』の訳文出版できる程の重鎮って、皆んな中国語読んで書いてるしな。で、どう間違ってるか。これちょい見て欲しい。だいたいどの論語の訳本読んでも、下みたく訳されてるわけよ。

〜〜〜〜〜〜〜〜〜〜〜〜〜〜〜〜〜〜〜〜〜〜〜〜〜〜〜〜〜〜〜〜

金谷 治・論語(岩波文庫)(Kindle の位置 No.368-382). Kindle 版より。

【原文】

子曰、君子不重則不威、學則不固、主忠信、無友不如己者、過則勿憚改、

【書き下し文】

子の曰わく、君子、重からざれば則ち威あらず。学べば則ち固ならず。忠信を主とし、己れに如かざる者を友とすること無かれ。過てば則ち改むるに憚ること勿かれ。

【口語訳】

先生がいわれた、「君子はおもおもしくなければ威厳がない。学問すれば頑固でなくなる。〔まごころの徳である〕忠と信とを第一にして、自分より劣ったものを友だちにはするな。あやまちがあれば、ぐずぐずせずに改めよ。」

〜〜〜〜〜〜〜〜〜〜〜〜〜〜〜〜〜〜〜〜〜〜〜〜〜〜〜〜〜〜

生意気抜かさせてもらうけん、これじゃあ全く意味が通らねぇんだわ。

だって、孔子はかなりフレンドリーな奴だったんだぜ。

で、だぜ、重々しさ振りまいて威圧してるくせに、学んだら固くならないなんて話、完ぺき矛盾してるじゃん。

さ・ら・に・だ・！

「思いやりを大切にしろ」って言った直後に、「自分より劣ったやつを友達にするな」なんて言うはずねぇだろが！　こいつは「自分の如き者を友にするな」だろなぁ。

他は合ってると思うわ。まぁ、ほとんど間違ってるがな。

だもんで、俺流の訳はこうなるぜ！

「君子は重々しいやつじゃねぇし、威厳を撒き散らすようなやつでもねぇ。学問すりゃぁ固くならないいんだぜ。

思いやりを一番大切にして、

批判されたくないからって、自分と同んなじような奴ばっかり友達にするようなことはしないでな。間違ったら、すぐに直しゃあいいんよ」

これだろ？　孔子？

【未来の教育 vs 過去の教育】

さっきの論語に、「学問って、すればするほど柔らかい奴になるでな」って書いてあったじゃん。俺、こいつを初めて見た時に「えぇっ！　マジかよ!!」ってビビったんだわ。だって勉強できる奴って、たいがい固い奴じゃん。悪く言やぁ、「真面目すぎて小うるせぇ」じゃんか。スミマセン。

ただな、ここで思ったわけよ。

「勉強してるやつはマジメだとか、重鎮って超硬くて怖ぇとか。そんなの当たり前になってるよな」

「…ってことは、俺らの学問って100パー間違った方向に進んでんじゃねぇのか？」

って。

だって学問したら柔らかくならなきゃおかしいだに？（だぜ？）

令和元年の6月1日に、兵庫県で松陰先生とか二宮尊徳なんかを研究されてる川崎剛史先生って方が、わざわざ完璧無名の俺の話を聞くために、はるばる掛川まで来てくれたんだわ。俺はまた怒られるのかと思ったね。だども川崎先生は写真じゃぁ強面だけん、めっちゃギャグ好きの関西人だったのよ。

まあそれはともかく、川崎先生とこんな話になった。「現代教育の問題って何なんだろ？」って話。川崎先生が言ってた話が面白かった。

先生は、

「『これが正しいから、これをやりなさい』って教育がヤバい」

って言ってた。だって「正しいけど、そんなの出来ません」って言ったら、「何言ってるだお前!!」ってキレられるじゃん。余計悪化しちゃうお。

正しいことはいつも間違ってるお。

（「お」、もう止めます…）


今の教育とか科学って、客観至上主義じゃん。「客観的なもの以外科学じゃねぇ」って言われてる。「主観？そんな不確実なものに立脚して、話を進められるはずねぇだろ？」って。

川崎先生も言ってたけん、こいつがダメなのよ。

何がダメか。客観性って「見えるもの・確実なもの」以外に思考を巡らせられないのよ。

例えばだぜ、テスト0点だったとするじゃん。その解決策として「テスト100点とりなさい」って言ったとこで意味ないじゃん。客観的に正しいけん。

極端な話、こんな感じにしかならんわけよ。


現象だけを見る。

そうじゃない。

解釈を深める。


客観って、目に見えるものだけを見てるじゃん。現象だけ見て決めつけてるのよ。0点とったら、こいつダメ。病気だったら、働けん…。みたく。

で、頭いい奴でも「テンプレートの解決策をとれ」って言うのが関の山。
・書き取り10ページやれ。
・毎日5時間勉強しろ。
・問題集3回通りこなせ。

そりゃ確かにそれって「正しい」ぜ。だけんよ、それん出来んもんで０点取るじゃんな。

そいつの主観完璧無視しちゃってる。
・０点取ったことにどういう思考を巡らせてるんだ？
・それでどういう気持ちなんだ？
・勉強にどんな嫌悪感抱いてるんだ？
・なんか知らんけど超ヤベェ怖えって思ってるかもしれんな？
・過去に何があったかもしれんな？
・前世に…？　とか…南無阿弥陀仏南無阿弥陀仏…

最後のは意味が分からんけん、こういう話を俺らなりに解釈してかんと如何ともしがたいのよ。客観って揺れ動くものを把握することに、完璧に無力なんだわ。

「決まり切ったもの」以外を把握することん出来ない。もち、逆に「水は１００度で沸騰する」とか、「地球には重力がある」とか、そういう決まり切ったもんは把握できるぜ。


だけどよ、決まり切った枠組みで人を把握しようとしたらどうなるかいね？

合格と不合格が出てくる。それだけじゃなくって、常に不合格の面を探しちゃう人間になるぜ。

だって、「どこをどう切り取っても合格」なんて奴いるわけねぇし。だもんで、どっかの所で全員不合格になる。

自分すら不合格だぜ。「こういう基準から見たら、俺不合格だわ」ってなるもんな。自分からも他人からも不合格を言い渡され続ける。

だもんで「EUの人口5億人のうち、3億人が鬱で治療受けてる」みたいになる。悪魔の罠。そいつが客観だわ。

だもんで客観的基準に当てはめて人を見ちゃマズイのよ。常に自分の内で、揺れ動く人の気持ちを解釈していかんと罠にハマる。決めつけるのとは逆の作業だぜ。

ぱっと見たところで、全然何考えてるだか分かんない奴らを観察して、解釈に解釈を、熟考に熟考を重ねる。だもんで学べば学ぶほど理解が深まって優しくなる。

♥【客観の教育】って、やればやるほど固くなりやがる。人を合否の目で見やがる。

♥【主観の教育】って、やればやるほど柔らかくなる。対話に対話を重ね、熟考に熟考を重ねる。リアルガチ・リア充一直線。


【客観の檻から人を解き放て】

古来から伝わってるんだわ。俺らを完全主義に陥らせる悪魔の名前ってやつん。「ラプラスの悪魔」。全知全能の悪魔、ってのがそいつだ。

「全てを知っている」って嘘ついて俺らを罠に嵌めやがった。ラプラスの悪魔が全知なのって、決まり切ったモノの世界だけだからな。固定的な世界、ごく一部だけの世界の全知でしかない。

移りゆくものに対して完璧な無力。ただし、失敗せざるを得ない人間っていう存在が夢見る「失敗しない世界」。この弱みに付け込んで罠に嵌め、地獄に落とすのが奴の手口なわけだ。

息苦しいって思ったら、客観の罠に囚われてる。殺せ、ラプラスの悪魔を。全知全能のフリして死しか宣告しない奴が神のわけがない。俺らにはこいつを殺す義務がある。

そうじゃない。学べば学ぶほど柔らかくなる世界。苦しみの最中にこそ存在する約束の地。それこそが人間の居場所だ。

〈第4勝　4節3〉

こんなんPTAから批判半端ねぇだろ？

上の話なんかしたらブーイング、ヤバイほど来そうだよな？

さらに言えばだ、

・・・・・・・・・

……う～ん……。

さっきの話聞いたら、もしかしてこう思うかもしれん。

「ホントかよ？」

「そんな話聞いたことねぇわ！」

「このデブが！」

最後の俺の悪口はスルーして、ちょいしっかり考えてみようぜ。現象学のところで、こんなのあったわけだ。そう「間違いこそ大切」っての。

だから前節のやつはまあ確かにやべぇんだけど、「完全否定すべきもの」じゃあない。間違ってても突き進むってのは、起業家たちにとって現実を解釈するための正しいツールで、言ってみればエネルギーの源泉でもある。

そりゃあ偏向って失敗の元凶と捉えられたり、馬鹿げたものだって捨てられたりしてる。だけど、革新的なものへと育つ真実の芽、それって、偏向の中に見出されるわけだ。

マークたちの研究がそう言ってる。

「たわごと」の中にある真実。人がそうした真実に近づくために、俺らが徹底的にそいつらに関心を持っていくこと。それが「たわごと」をキミ自身の物語へと転化させていくための基礎だ、ってハイデガー先生も孟子さまも言ってたよな。

【コラム】僕の失敗

偉そうに行ってるけど、僕も大失敗してる。何が一番痛手かって言ったら、生徒が塾を辞めちゃうこと。そんな痛手の話をそれじゃあちょっとだけ聞いて欲しい。

2018年9月13日のフェイスブックにこんな投稿をしました。強がって書いてますが、レストランの「すたみな太郎」さんでこの投稿をした後、大号泣しました。

〜〜〜〜〜〜〜〜〜〜〜〜〜〜〜〜〜〜〜〜〜〜〜〜〜〜〜〜〜〜〜

ある生徒Kが塾を辞めました。Kは春休みの間、朝10時から夜9時まで毎日「自習」に来てくれた人懐っこい生徒です。でも、成績が伸びませんでした。親御さんから僕が見切りをつけられた形です。Kからは常々「彼から学ぶことをしなければ、彼が私から学び始めることなどあり得ない」と感じさせてもらっていました。

その意味で、僕は〝先に生きて〟いるはずなのだと。もっと僕に学ぶ力があったなら、もっとここにいさせてあげられたのにという後悔はあります。

昨日迷って本屋さんで見つけたマーク・トゥエインがこう言ってくれました。

「どんな失敗をしたとしても、そんなものは20年経てば笑い話になる。だけどもし、何もしなかったのだとしたら、20年経とうがお前は後悔し続ける」。Kにはまさに全力中の全力で臨むことができました。あいつの手を離したことはきっと、易経の離為火の卦（火をつける為に離す）が示すように、奴に火をつけ、20年後、大笑いできると確信しています。この手を離すのはお前に火をつけるため。貴様の新しい出立に幸あれ。

〈第4勝　4節3―1〉

偏向を正す教育 vs 偏向させる教育

偏向とか、たわごとが大事って言っちゃったけど、これって教育者としてどうなのよ？って感じはする。だって正しいことってやっぱ大切じゃん。

だども、偏向を許さないと起業できないってことは、マークたちの研究からよく分かった。この矛盾、どうすりゃあいいんだ？

「成績がよけりゃ、何でもできる。だから勉強しろ」

これってよく言われたことだよね。だけん、起業家を育てるためには間違ってたわけだ。馬鹿なほうがやる気があって起業する。馬鹿のがイイじゃん、ってなってたしな。

やばいよな先生たち。今まで言ってたことと真逆じゃん！

そう言えば俺も先生なわけだけん、どうすんのこれ？

そして、さらに！　だ。さらに追い打ちがかかる。

さっきも登場してもらったけん、次の表は「創造性において天才的」だとされる割合についての調査だわ。[※25] 3〜5歳では98％の被験者が天才的レベルにあるとされてる。だけん、5年後は32％に減少、さらにその5年後には10％に減少（サンプル数1700人。同一集団に対する3回のテスト）。

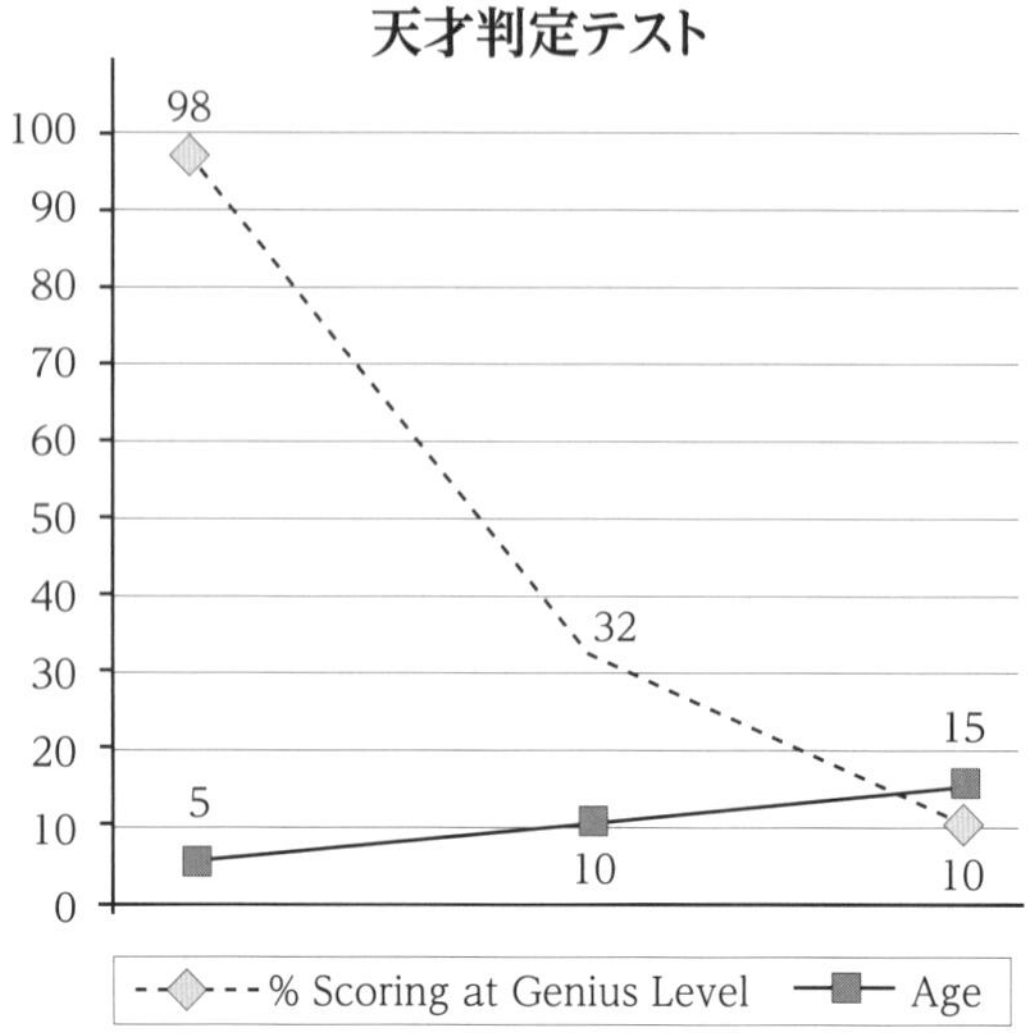

この調査とは違う集団だけど、20万人以上の大人に同じテストをすると、天才的レベルの創造性を示すのはわずか2％にすぎなかったのだ。

これってどういう意味だろう？　これまでの教育って一体、何だったんだ？　ちょい考えてみても面白いかも。でも、次ですぐ答え言っちゃうでな！

『世界レベルの学習者』って本を書いた人は、

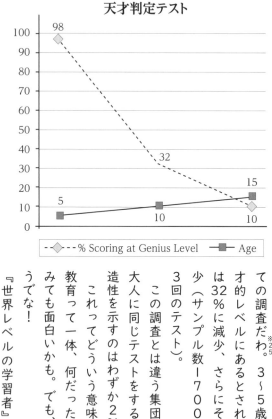

今の世界で、「優れた教育」って「（単なる）科目の点数をあげられる教育」なんだって言ってる。

それ以外の教育は全部「点を上げる教育より劣ったやつ」だってみなされてるって。怖えよな。

アメリカって実は、そこから見てレベルの「低い」教育がなされてきた。だから逆に創造性が高かったんだと。

でも、その「レベルが低い教育」だったアメリカでも「点数を上げるイイ教育」を行おうとする人たちが増えてきた。

で、どうなったか。創造性が極端に低下しちゃった。２０１０年７月のニュースウィーク誌に「創造性の危機」って記事が出ちゃったくらいなんだわ。

どんな能力が下がったか、
・多くのアイデアを出す能力
・ユニークなアイデアを出す能力
・創造的パーソナリティー（性格）
・アイデアを苦心して作り上げる能力
・思考をまとめ上げる能力
・知的好奇心とオープンマインド。
こんな６つの創造的尺度が全て低下しちゃった。

ワグナー先生が、こう言ってたよな。[※26]

「学校に通えば通うほど、子供は好奇心を無くす」!!


『世界レベルの学習者』の先生たちは、こうした尺度が低下するのはすべて「押し付けの教育」のせいだって言ってる。自分自身が好きなもの、やりたいものを開拓するんじゃなくて、誰かが作った基準に従わせるための教育。

それが創造性や起業家精神を殺してるって。先生たちは、これまでの教育は「職を見つけること」を主眼に施されてきたけど、「職を創り出す」責任を放棄していたって言うんだ。


言い得て妙だよな!

経済が発展しているときには、会社で言われていることだけ素直に聞いていれば、モノがバンバン売れるし、問題なかった。

だけど不況でモノが売れなくなっちゃった時、新しいことが出来ない既存の会社だけだと経済を支えられなくなっちゃう。

だけん、こんなツッコミが読者さんからあるかもしれん。

「大企業は新しいことが出来ない？　そんで経済崩壊？　そんな話、信憑性に欠けるわ!」

って。面白いツッコミだな。

わかった、しっかり言おう。学術的にだ。

どういうことかって言うと、これって「記号論」って分野の話になるんだわ。※27 で、世の中の端っこにいるもの、それは「周縁」って呼ばれる。

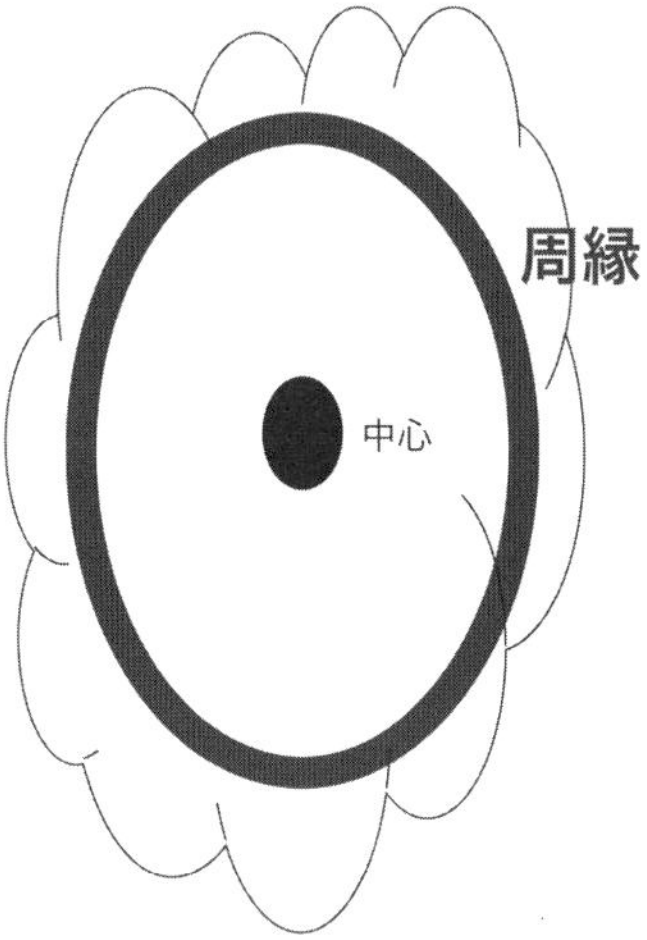

図がダサくてゴメン！

で、これって「記号論」で「中心―周縁理論」って言うんだけど、世の中にある色々なものを中心と周縁とに分けて考える理論なんだ。

例えば官僚や既存の大企業なんかが世の中の中心。ベンチャー企業は周縁だ。真面目な優等生が中心で、変わったことに興味があるテストの点が悪いやつらが周縁ってわけ。

そんで記号論が面白いのは、中心ってのは今の世界じゃ「すごいすごい」って言われてるけど、固定概念に凝り固まっちゃっていて新しい発想が出てこないって批判してるとこ。

で、周縁の方が新しいものをバンバンつくる。これからの世界を創り出す主役だって言われてるんだわ。逆転の発想！　下剋上！

証拠と言っちゃあなんだけど、ベンチャー企業って第二次世界大戦後の画期的なイノベーション（革新）の95％、全体の50％を作りだしてるんだわ。[※28] 雇用だってそう。フォーチュン500社って言う、アメリカの超有名大企業に雇用されてる人って、雇用者全体のわずか7％しかいないんだわ。[※29] 超凄いら？起業がなけりゃお先真っ暗ってわけだ。

日本の起業スピリットがダントツで世界最低って、どんだけヤバいか。それもこの「優等生の教育」のせいだ。新しいものが出てこないんだもん。

そのせいでめちゃくちゃやばいわけ。つ～か、俺が何を言いたいか分かるよな。俺の塾に来てたり、これを読んでたりするテストの点が悪い奴ら。キミらがこれからの主役だってわけだ!!

え？「私は点数いいけど」って？

そういう人もそりゃ、大切だぜ。ただ、全員優等生になる必要はないわけよ。それだと怖いら？　逆に！（汗）

〈第4勝　4節4〉
ヤバい教育

ここまで綺麗にまとまっちゃってるけど、この教育って結構ヤバいだよ。なんでかっていうと、人を偏向させなきゃいかん、って話だから。そりゃあ色々言ってきたけんよ、やっぱ結構ヤバいよな、これ。

『世界の起業家精神の調査（GEM）』を見ると、「先進国では途上国よりも起業するのが怖いって思う人が多い」って出てる。なんでかって言えば、先進国には安定した職が沢山あって、自分で会社をやるよりそっちの方が安定してるからなんだって。だいたいどの年のGEMにもそう書いてある。

だけどよ、今、世界のトヨタとか経団連ですら、「終身雇用はもう守れない」って言いだしたわけよ。[※30] やっぱ、今までどおり「大きい会社に入って一生安泰」なんて暮らし、もう無理だら？

先進国とは逆に、途上国だと「すでにある会社も安定してない。だもんで、自分で作ったほうがまし」ってことも多々ある。だもんで起業に対する怖さは先進国ほど強くないんだ。

安定した職業に就くこと。教育ってそれが目的だった。[※31] じゃあ新しい職を作り出すには何が必要なんだっけ？　好きなもの、やりたいことを開拓する力、新しい世界を開く力。すなわち「間違える力」だわ！　間違えなきゃ新しいことなんか出来っこないからな。

じゃあそもそも間違える教育って何なんだ？

ここで一つコラムを読んでほしいんだ。超おとなしかったWさんが、めっちゃ元気に変身したって話。Wさん、大人だけどね。

【コラム】Wさんの変身!!

超引っ込み思案だったのに、最近どこにでも顔を出すようになったWさん。

「なんでそんな勇気が出るようになったの？」

そう問わせていただきました。

その理由をこう語ってくれた。

「いろんな人がいていい、とNさんに言われたからです」

だから元気になれたのだそう。

「そう言われたあたりから、怖いけどどんどんと飛び込めるようになりました」

「いろんな人がいていい」そう言われ安心できた。

だったら普通、世の中の人たちはそう言っていないことになる。

「いろんな人はいちゃいけない」

こうメッセージを発していることになる。


「それじゃあ、どんな人でないと、普通いちゃいけないんですか？」

「それは〜、え〜と、例えば、有能な人、経営者、メリットがある人。そんな人たちしか、いちゃいけないと言われている気がするんです」

確かにこの人たちは普通ではない。

承認欲求というものがある。

「私にはこんな能力がある」

「こんな実績がある」

「こんなにすごい」

「だから認めろ」

認められ、承認欲求が満たされ、世の中に打って出られるのだとされる。


承認される。それは全て「プラスの性質」が認められているのだ。※32 しかしWさんが承認されたのは、プラス面だけではない。マイナスの性質もが承認されている。

ここに注意を払わなければならない。「○○でなければ駄目」ではなく、「いろいろな人がいていい」と言われたのだ。

（プラスの承認）＝威張れる

（プラスの承認）＋（マイナスの承認）＝？

プラスとマイナスの自分が同時に認められる。この時、虚勢を張るのではなく、安心・安全感を抱くことが出来る。

Ｗさんはこう言う。「Ｎさんの仲間たちからも、同じように、『いろいろな人がいていいよ』と言って貰っているように感じました」。彼女はそう語ってくれた。コミュニティー全体が彼女を安全地帯へ導いている。

教育というものは、人をどんどん強くすることを志向してきた。

「○○（一流）大学を出た」

「ＭＢＡを持っています」

「○○という（一流）企業に勤めています」

強ければ、その人を認める。

まるで伝説の鎧を手に入れるゲームだ。

だが危険でなければ鎧など必要としない。弱肉強食の現実世界は人を疲弊させた。

Wさんを輝かせたのは、その種の教育ではない。「劣等さが承認（!）」されてはじめて発露しえる社会性。誰かが懸命になって彼女に拍を付けさせたところで、彼女は社会性など顕在化させなかった。

Wさんは、かなりの人見知り。普通と違う部分をお持ちだ。それが承認された。すると、どんどんと人の和に飛び込めるようになった。

普通と違う部分、人見知りの部分を皆の前に出して良いのだとするメッセージは、同時に「並外れた力を発揮して良い」のだと自らを開放させる許しともなった。

開かれたのは真の自己。

彼女が創る世界。その物語。

鎧を着こむのではない。

裸になれ。

もしあなたがあなたの主人公になりたいのなら。

あなたの物語の中で、あなたは奴隷である必要などない。

どうしてもやりたいこと、為さねばならないことを行う。

思い切って自己を見つめる、マイナスを開放すればいい。
そんな至高の冒険には、安全地帯を起点に乗り出すのだ。これは次の単純な公式を満たしたときに現れる。
安全地帯＝（プラス）＋（マイナス）の承認
現実に対処するための勉強など人を焦燥させるだけだ。彼女が踏み出すべきは、自己という、物語の世界への冒険。われわれが整えるべきは、冒険のための秘密基地。

いろいろなところに飛び込めるようになった。それがたとえ怖くても。
本当の自分を見つけた。たとえそれが皆と違ったとしても。
だから脱がせろ。裸にしろ。
もしあなたが彼女を愛したいのなら。

…すみません。ちょっとだけ解説させて下さい。
新時代の教育、主観の教育の肝って、安全地帯（コミュニティ）を持ってることだ。シリコンバレーで大切にされてるのも、このコミュニティなんだ。※33
MITの先生が40万人を調査した結果もそうだった。起業するのに何よりも重要なのはコミュニティ（安全地帯）なんだわ。Ｙコンビネーターって最強の起業家特訓所（アクセラレーターっていうよ）のカリスマ創業者も、「火のような熱意とこのコミュニティさえあれば、成功は約束されている」って言ってる。[※34]

じゃあどうやったら安全地帯をつくれるんだ？
（プラス）＋（マイナス）の承認＝安全地帯
だったよな。

プラスの承認だけしか認めないような所にいると、みんな威張り腐った嫌な奴になっちゃう。

そうじゃない。社会性はマイナスに潜んでいて、だからこそハイデガーも孟子も、マイナスの感情に陥った人の背中を押せば、人間がこの世に存在する意味を見出すことが出来る、と説いたんだ。


人の本質は勝利にはない。勝つことばかりに気を取られていたら、俺たちはいつか孤独に陥って狂気に囚われてしまう。だけど敗北の傷を見つめて、そこに知性を見出すなら、人は人と深いところで繋がることが出来る。

元気の源は人とつながることだってアドラーは言ってた。[※35]だから元気の源って、負けられることにあるんだ。

だから俺は、人の本質って勝利じゃなくって敗北にあるんだと思う。

マイナスの感情に陥った人の背中を押せ。人間がこの世に存在する意味を見出すことを可能にさせるために。

キミはどう思うだろうか?

〈第4勝　5節〉
パシリの〇と話して分かった、「子供が一番求めてること」

中学時代パシリだったんだが、大人になってかなりの大物になった男、ビッグ〇に再会した。俺が地元を離れてずっと会ってなかったから、26年ぶりの再会だ。

深夜の3次会、先輩が経営しているバーで奴に聞かれた。ビック〇がどんだけ凄い仕事をしてるのか、散々うならされた後にだ。

「なあ松井、お前には何か秀でた能力があるのか?」

自信満々。だが嫌味じゃあない。人間としてのし上がってきた自負心が溢れてしまっただけだ。ただ、聞き役に徹してきた俺に対して、明らかに挑発的な目を向けている。

こう言った。

「ああ、あるよ」

「おお!?　あるのか!」

おどけてやがる。「お前に?」というセリフは抑えた。大物になっただけある。

「じゃあ言ってみろよ。何だよ?　お前が秀でていることって」

…チンピラの空気じゃない。恐るべき自信に裏打ちされた煽り。

薄暗い店中に緊迫した空気が走る。大人の喧嘩が始まる。

「俺はねえ…」

「・・・・・・」

「・・・・・・」

「聞く能力。人の話を聞く能力に、誰よりも秀でてるんだよ」

「う・・・・」

「なるほど・・・・・・・」

「・・・・・・・・・」

「・・・・ぅ・・う・・・」

「・・・・・・・・・」

「それは、、もしかして…」

「最強の能力かもしれんな」

　大物になったたな、ビッグO。負けを認められるとは。


　じゃあ考えようぜ。何でこれが最強の能力なのか？

　小学生のA。車の中でお母さんにこう話してた。

「お母さん、俺はここにストレス解消に来てる。学校のムカつく先生の話、聞いてくれるもんで」

　ある女生徒はこんなことを言う。

「先生って、なんか話、聞いてくれるんで助かります」

　Cは半ば怒りながら、

「俺の親父って超自己中だに！　自分の話ばっかりして、俺の話なんて何にも聞いてくれないもん」

　傾聴という言葉がある。もちろん「しっかり耳を傾けて聞くこと」だ。この言葉は識者の間で非常によく用いられてる。

　俺が学会で発表した時には、こんなことを言われた。

「キミが言ったことって、よく言われる『傾聴が大事』って話と何が違うんだ？」

「基本的には全く同じですね」

「それでは、わざわざ発表する意味がないだろう」

ここからこの方の独演会が始まる。15分程度の質疑応答で5分以上1人で喋りだす。厚顔無恥な重鎮気取り。クソほど迷惑だ。


「我々は無駄な時間を過ごしたのか？　お前のせいで？」

「いえ。これも覚えておいてください。傾聴が大事だと語る識者の99・99％は、全く人の話を聞けないということをです。お前のように」

喧嘩上等。学者ごときが起業家に勝てるはずがないだろう。


ある芥川賞作家は、こう言っていた。

「無心になるとは、どんなことも新鮮な気持ちで聞けることなのだそうです」

確かに「無心」は「世間」と逆だ。

…ガキの言うことなんてくだらない。

…名もない奴の研究ごとき、耳を貸す必要はない。

「偉いのは俺だ。お前は教えられる立場だ」

大人になればなるほど、この意識傾向が強くなる。自分の要求を通そう、という。確かに普通どんな人間が賢いのかと問われれば、「自らの要求を上手く通す」人間ではある。

だが人は基本的に、自分以外のものに命令することはできない。ドラッカーはこう述べた。

「ナレッジワーカー（現代の労働者）は命令ではなく、自らの解釈に従う[※36]」

釈迦はこう表現する。「他人に要求を通そうとするなど、牛飼いが他人の牛を数えているようなものだ[※37]」と。

拙論の中に「返応性の法則」というものがある[※38]。「人は人に同じものを返す」というシンプルな法則だ。だから、人が他者に何かを要求するなら、他者もまた彼に要求を突き付けてくる。ここでは争いが絶えない。

しかし儒教や仏教が説くように、「他者にではなく、自らに要求を通す」のならどうか。無限の選択肢を得て、自分に出来ることを考えられるのだ。

逆に、他者に要求を通そうとすれば選択肢は一つしかない。

「そこをどけ」

「勉強をしろ」

「黙れ」

選択肢は争い一択に絞られる。

そうではない。

「動けそうもない？なら別の道を行くわ」

「勉強が出来ない。なんかあっただか？」

「あなたの話を聞かせてくれ」

絶望とは選択肢を思い浮かべられないこと。※39　だから「俺の」要求を通すのではなく「俺に」要求を通せばいい。俺のから、俺に。

自分に命ずるために人に話を聞くのだ。話を鵜呑みにするのではなく、自身で解釈し自分を動かす。これが儒教の根本、修身。※40

一人がこうすれば、この模範を鏡に（返応性）、人々は争うのではなく自らに要求を通すようになる。すなわち世界が駆動し始めるのだ。これこそが学び。机上の空論などではない。

人は自己へ回帰した時、他者とつながる。

真の孤独とはすなわち「一体」である。人は真の孤独を得る必要がある。本当の寂しさだけがそこへと通ずる地獄の門。

一人勝ちの独裁者に孤独の鍵を鋳造する力はない。他者に耳を傾けねばならない敗者にこそ、その力があるのだ。

だから負けろ。ビッグOは敗北の力を得たからこそ、地域で親のように慕われているんだ。

全てのモノに耳を傾け、全てのものから発せられる真実を１ミリたりとも聞き逃さない。

聞くために、話そう。
……
……
どんなに一生懸命になっても一人っきり。そんな苦行もうやめようや。皆んなでしゃべりゃあいいいら？

〈第4勝　6節〉
「草笛先生の絵はね、絵じゃないんですよ」「え？　絵？　どういうことですか？」

磐田にある素敵なギャラリー、そしてカフェもしてる〝オーバルハウス〟さんに行ってみた。はじめての訪問だったんでちょっと躊躇しただけど、友人の岡本さんに「草笛先生の絵を見てきてよ！」ってめっちゃ背中を押してもらったのだ。

草笛由美子先生は不思議な絵を描く画家さんである。

龍や鳳凰なんかの絵なんだけど、そうした霊獣が「実際に」見えていて、その実際に見えたものを絵にしてるんだって。にわかには信じがたい話だよな。

だけど、かの宮崎駿さんもそんな感じらしい。こいつは、スピリチュアルの世界では有名な

（草笛由美子先生　菊川文化会館アエルにて）※41

んだそうだ。

そう、

「ラピュタは本当にあったんだ！」ってわけだ。

だもんで、草笛先生の話だって「さもありなん（そうしたこともあるんだろう）」ってところか？　もち、俺も当初「マジか？」感満開だったが、「まあ、そういうこともあるんだろう」となんとなく自分を納得させてた。

で、ちょい話は変わる。オーバルハウスのマスターと話をしたら、こんな不思議な言葉を投げかけられたんだ。

「草笛先生の絵はね、絵じゃないんですよ」

「え？　絵が絵じゃない？」

「絵じゃないんですよ、見るべきところは。う〜ん、絵じゃない。パワーっていうか…」

「…訴えかける力があって、それを見て欲しいんですよ」

「え？　絵？　絵のギャラリーなのに見るべきは絵じゃない？」

「力があるんです。それで対話があるんです。その力が自分の中の自分と対話させてくれるんですよ」

（草笛先生の作品群　静岡県森町の小國神社にて）

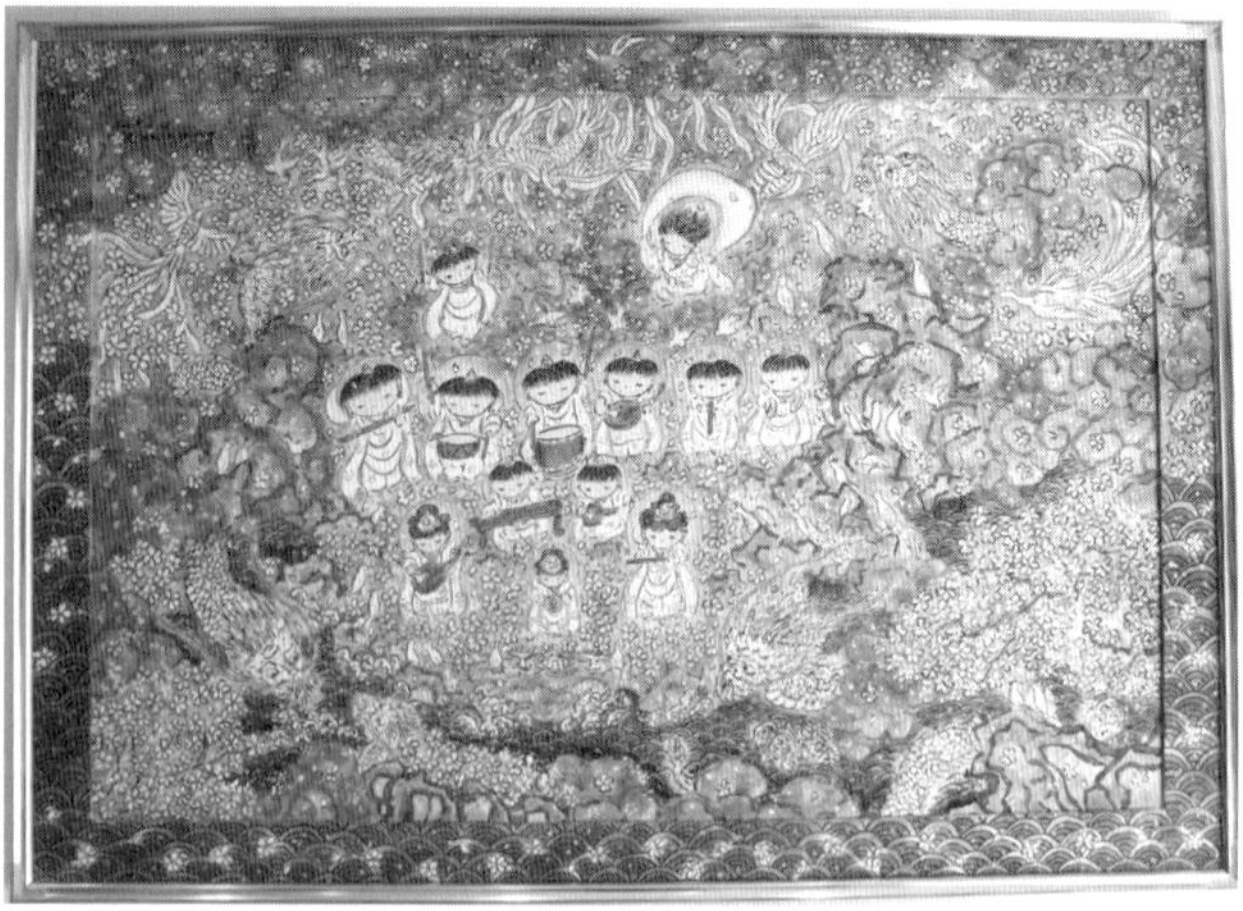

（草笛先生の作品　静岡県磐田市　オーバルハウスさまにて）

（マスターの娘さんの絵）

言われてみるまで全く気づかなかっただけん、確かに草笛先生の絵は絵じゃない。もち、単なるテクニックじゃないって意味だぜ。

絵の展示を見に行ってるのになんだけど、見るべきところは絵じゃないんだわ！


卒業シーズン、春の歌を聴いていっつも不思議に思ってたことがある。

「なんで春の歌って、優しくなれるんだろ？」

なんで？

なんでだ？

ヒントがあった。


二宮金次郎の7代目の子孫、中桐万里子さんに聞けた話だ。※42

「徳とは、すなわち歴史のこと」だって。

春の歌って、

失くした世界を振り返らせてくれる…

僕らの足あとの話を聞かせてくれる……

別れが、美しい旋律を奏でてる……。

　だから優しい。

　忘れちゃいけなかったことと、話をさせてくれる。

　だもんで優しかったんだ。

　……

　オーバルハウスに橋爪さんって画家さんがいたんだ。橋爪さんの絵もそうだった。少年の時の僕と話しをさせてくれた。

　だから彼の絵を見ると、居場所に戻れるって気がした。

　マスターの娘さんの絵も。あの時の僕と話をさせてくれる。

　草笛先生の絵は、太古の記憶と話す太い力。

（橋爪さんの絵）

歴史って、頭に来ちゃうよな単なる過去の事実なんかじゃない。

己の奥底で胎動してる〝昔〟、生きててくれるのに忘れかけちゃってた〝あるようでない世界〟。本物のつながり。優しい威力。

すなわち絵じゃない、会（え）だ。

昔と会わせてくれる。

そのとき、だれもが優しくなれた。

昔の俺らを呼び起こせなきゃだめだ。

じゃなきゃ、なんにも始まらない。

〈第4勝　7節〉

近代を支配してきたもの！

目に見えるものを、変える。人ってあらゆるものを支配し、この世をモノで溢れさせた。マルクスが陥った唯物主義だ。

人って、他者を支配することに躍起になってきた。論理を使い、言論を用い、武力に訴え。しかし0.7になったジニ係数が端的に示す通り、既に世界経済は持続可能と言える状態にはない。俺らは「見えないものを観察する力」を全く欠いている。目の前の彼の歴史に思いを馳せることを忘れてきたのだ。もちろん歴史とは肩書きなどではない。

彼が生きてきた時間と思いの流れのことである。

もしそれが見えているのなら、人を支配しようなどとは考えなかったはずだ。だから例えば…卑近な例を出させてもらえば…「勉強させたいが、やらない」とき、「出来が悪い」とき、頭ごなしにモノを言ってしまうなら近代の罠にはまっている証拠だ。それは支配だから。

そうではない。彼女の歴史に思いを馳せ、歴史の中で生きる彼女と話しをし、歴史上に生きる見えない彼女と共にハーモニーを奏でる。彼女自身の歴史に則った、彼女に適した教育を共に考え創る。こうでなければ、「人」を教育することにはならない。

居場所がない…。けっこうみんなそうだ。

戻れる場所…。いなきゃいけない場所が、いるべき場所になれていない。

はっきり言う。家庭が居場所になれていないということだ。

居場所といえば、こんな例え話がある。

この話はフィクションじゃなくって、ノンフィクションです。


生徒Hの地区で、祢里《ねり》と言われる祭りの屋台がある。その上に飾る人形が一組み、なんらかの理由で放置されていて、ある時ほかの町に貸し出すことになった。「ちょうどいい」って言って、他町で使ってたんだけど、何か様子がおかしい。なんとなく町の雰囲気が悪くなるし、けが人や病人が出てきた。それだけじゃなくって、ついには亡くなる人すら出てきた。だから元の町の祢里の上に返して、ちゃんとお祓いをしたんだ。

そうしたら元のしっかりした町に戻ったんだけど、Hは「本当の居場所にいられないと、モノすら人を呪いだす」って話してくれたんだ。


支配しちゃいけない。

人は支配されるべき生き物じゃない。戻れる場所がある時、世界をつくれる存在だ。

彼女の歴史を見ろ。ハーモニーを奏でろ。そうしなければ我らは許されない。人形からだけではなく、生徒からも。人の魂をもったモノは支配しちゃいけない。呪われて死ぬ、そんなことだってあったんだ。

（人は好きなこと　以外やっている　ヒマはない）

教育という死をかけた旋律を以って、愛する人を本来の居場所に帰還させろ。

他者に耳を傾けることで自らの本来を召喚しろ。すべてのものに鮮烈さを与え、すべてのものの声を聞くために。それこそが自己、無心、つながり。俺らの原点。俺らの立ち位置、他者の声こそが俺らの居場所だからだ。

第5勝

どうしたら愛せるんだ!!!

～5勝だけなぜか超絶激的にクソほど難しい(汗)～

〈第5勝　1節〉

気持ちだけじゃだめだ。テクニックがなきゃ愛せない

生きる意味を見つけるには、どうすればイイか？　ここまででもう答えは出てた。困難の最中にある人の背中を押せばいい。慈悲をかけ人を愛すればいい。

こうだった。でもここでさらに問題があるんだわ。

「どうすりゃあ、愛せるだよ？」

これって大問題だよな。で、実はこれについて考えた哲学者であり心理学者でもある、ど凄い奴がいるんだわ。そいつの名前はエーリッヒ・フロムだ。

エーリッヒの著作は、その名も『愛するということ』。そこで彼は、どうすれば人を愛することができるのか、っていう愛の技術について考えた。

さらに言えば、こう断言さえしてるんだわ。

「愛する技術がなければ、人は人を愛することなんて出来ない」。

ベストセラーになった『ビリギャル』って本がある。

学年ビリだったギャルが、慶応大学に合格した感動実話だ。

俺はこれがすさまじく好きだから、本も買ったし、映画は上映初日に行って号泣してきた。

講演会にも行かせてもらった。で、ビリギャルさんとそのお母さんにガンガン話しかけたん

だ。もちろんフェイスブックでも繋がって頂いてる。

そしたらビリギャルさんのお母さんの、ああちゃん、さんに名前を覚えていただけたんだ。

優しいわ～！やったぜ！

なんでビリギャルさんの話を出したかっていうと、ビリギャルさんの「お婆ちゃん」、彼女は凄まじい人格者だったけど、当初、愛するテクニックに長けてなかったんだ。

それで死ぬほど苦労された。ああちゃんさんもビリギャルさんも、ご家族の皆さんも超苦労されたんだ。愛することって、何だろな？

だからビリギャルさんのお母さん、ああちゃんさんの話をちょっとさせてほしい。艱難の末、愛するテクニックを身につけた実際だ。

〈エピファニーを得た起業家　ケースNo.3　もう一人のビリギャル　ああちゃん〉

ちょっと前、書籍『ビリギャル』のアマゾンレビューはひどい状態だった。やっかみで罵詈雑言の嵐だったのだ。

「進学校にいたんだから最初から頭が良かった」「慶応SFCは2教科入試で簡単」。東進の林先生でさえ「SFCなら合格して当たり前」とおっしゃるほどだった。

恐縮だが私は塾を経営させていただいているほど、学生時代から「頭いいキャラ」だった。しかし3年間の浪人を経験している。代ゼミのカリスマ教師にずっと教えていただいても、その体たらくだ。3浪目は1日16時間勉強したが第一志望に不合格。第二志望には合格したが、しばらく精神がおかしかった。

大学入学後にも散歩が出来なかった。歩いているとこう思ってしまう。

「あれ？ なんで俺、勉強しなくていいんだ？ やばい。勉強してないで歩いてるなんて」。

そしてそれだけやって合格できなかった大学が慶応SFC。だから私は勉強面での彼女の快挙を理解しているつもりでいる。林先生のような東大楽勝の秀才なら慶応も簡単かもしれないが、普通の人では無理だ。

ビリギャルさんの凄いところは、そんなものではない。家族すら治ってしまったのだ。私も死ぬほど勉強したが、当時家族は不和なままだった。

その違いは何処にあるのか。実はそれは、ビリギャルのお母さん「ああちゃん（橘こころさん）」の書籍に詳しい。この本だ…。

『ダメ親と呼ばれても学年ビリの3人の子を信じてどん底家族を再生させた母の話』※1

生い立ちは壮絶。華族を家系図に持つ家庭に生まれ、ビリギャルさんのお婆ちゃん（以下：祖母）は果てしなく優しく、同時に果てしなく厳しい人だ。祖母の姉はミスコンで優勝する美貌。しかし「私の美貌のために〝祖母〟が苦労をするのは当然」そう言ってははからない人だった。食糧難の時代、やっとのことで祖母が工面した金をむしり取り、ビフテキを食べていた。

祖母は、その兄の借金の話し合いに反社会勢力の方の事務所に赴くこともあった。そのとき彼女はこころさんを連れて行った。惨状が凄い。脱走しないように頭を剃られ、鎖でつながれた女性がお客を相手にするときだけ、かつらをかぶらされていた。怒号が飛び交う中で、大の男の兄が身ぐるみをはがされ、謝りながら泣き叫んでいたという。

しかし祖母は毅然と話し合い、その後も兄弟たちに思いを重ね続ける。損得勘定抜きで付き合い続け、尽し続けた。全て他人が優先。自分の事などお構いなしだ。

だが、この気持ちはああちゃんらに遺伝し、ご存知の如く映画にすらなった。

祖母の果てしない厳しさは、ああちゃんを危機にも陥れている。当時の教育制度が悪かったのだろう。あまりに厳しく重いしつけは彼女をがんじがらめにし、失敗に失敗を重ねさせた。

ああちゃん自身が子育てをする時も、同じ悪い面が顔をのぞかせてしまった。祖母と同様、スパルタこそ愛情、そう信じていた。

その結果、長男は暴れまくるようになり、長女は気持ちを閉ざしてしまう。悪循環に悪循環が重なった。

『ビリギャル』を読ませていただいた時、私はああちゃんのことを最初から無限の愛の持ち主、子育ての達人だったんだろうと捉えていた。しかし彼女もかつては子育ての失敗者。

しかしそこから学び、皆の力を合わせ全てを立ち直らせてゆく。

ああちゃんさんが転換を果たすきっかけは、やはり祖母だった。艱難を超えた後の祖母には不思議と幸運が次から次へと舞い込んできた。

人間関係でも金銭面でも。だからああちゃんも損得勘定を全く考えなくなった。講演会で購入させて頂いた私の本には直筆でこうメッセージを頂いた。

「ただひたすらで馬鹿みたいな愛と思いやりで人生は明るく開けていくと思います」「それだけで生きて行ける。他には何もいらない」彼女はそう断言する。

例えば、その子供たちはどう再生したか。長男は幼稚園で、みんなが行列をしているのにパンツを脱いだり友達にボールをぶつけたり繰り返す。とにかく問題行動が止まらない子供だった。

しかし絶対に悪い子ではないと、それだけは確信し観察しつづける。するとただ、彼はみんなに笑ってほしかったのだと気が付いた。

「先生がみんな怒っていたから、笑ってほしかった」。だからおどけていたのだ。

もちろん再生は簡単ではない。長男が立ち直り始めたのは高校の頃である。10数年ずっと信じ心を重ね続けたのだ。そして今、父の会社を継ぐため仕事と勉強に励んでいる。

ビリギャルさんは言う。

「弟が一番すごいかも」。

こころさんはこう言う。「信じ切れたから、（子供がどんなに）自由にしても許せた。信じ切ることが出来れば、自由を与えることが出来る」

子供を信じ切ることが出来たから、「問題」の中に長男の優しさを見つけることが出来た。信じ切ることが出来たから、問題児という檻から長男を自由にしてあげることが出来た。

「絶対に悪い子などではない」

だから、果てしなく尽くし続けることが出来た。

モルヒネという薬物がある。もちろん中毒を引き起こす麻薬だが、不思議なことに病院で使用しても中毒を引き起こすことはない。実は用法の違いなどではないのだ。中毒になってしまう人は、ごく少量でも中毒になってしまう。

ブルース・アレクサンダーという心理学者はこの疑問を解明するため、モルヒネ中毒になるマウスとならないマウスの研究を行った。※2

そして極めて有用な洞察を得る。檻に閉じ込められてモルヒネを与えられたマウスは中毒になるが、閉じ込められていない、広い世界につながったマウスはいくらモルヒネを与えられても中毒になることはないのだ。

世界につながっていれば中毒にはならない。中毒の反意語は社会性なのだ。

人はさまざまな中毒に陥る。学生ならばソーシャルゲームや問題行動、さらには異性関係、アルコール、麻薬に至るまで。

もしそこから解放する手段があるとすれば、それは疑いを核にした頭ごなしの叱責ではない。逆だ。損得勘定をかなぐり捨て信じ切ること。

不信感を引き起こし続ける彼を逆に信じ切ることにしかない。


『論語』（里仁第四　73節）にこうある。

―過《あやま》ちを観《み》て斯《ここ》に仁《じん》を知る―。

「過ちの中にこそ、その人の本当の優しさが現れる」

ああちゃんはこの言葉を具現化し、家族を再生させた。その檻から出して自由にしてやる。

学生だけではない、起業家などこれが必要な典型例だろう。
河合隼雄はこう言う。「問題児とは、我々に解くべき問題を提出している子供たち」だと。[※3]
問題児の提出する問題は、全ての損得勘定を抜きにし、彼の闇の中に潜む光を見つけられた時に解くことが出来る。その解答は、次の社会の扉を開くための新しい鍵。

今、『ビリギャル』のレビューはほぼ全て好意的なものに変わっている。
「至誠にして動かざるものは、未だ非ざるなり」[※4]
本当の気持ちを持ってすれば思いやりを引き起こさないことなどないのだろう。

〈第5勝　2節〉
『愛すること』って何なんだ？

ああちゃんさんのこのお話、これからフロムの『愛するということ』の論旨と比較してみたいんだわ。[※5]もちろん、歴史に残る「ホントの愛」について述べられた名著にも興味あるよな！

え？「ない」って？　嘘だろ！

ていうか例えばだな。彼女から「あなたにとって愛って何？」って聞かれた時にゃ、どう言えばいいいか考えてみてくれ。

哲学書ひいて語ったらウケそうだと思うら？　マジ、哲学って役に立たない観念論なんかじゃないわけよ。

「あなたにとって愛って何？」

こう聞かれたとするじゃん。

「ああ、俺の愛の哲学はフロムの言う…」

って話してやればいいのよ。激烈にウケるぜ。智識はモテるんだわ。

だもんでちょっとだけ、本の内容を紹介させてもらうわ。

…多少持ってき方が強引だかな（汗）

それでよ。フロムの『愛するということ』って、理論面と実践面の両面が書いてあるんだわ。

理論を知ってその実践の仕方を習ったら、俺らの愛も凄いことになるぜ。

ほらな、口説けそうな感じだら？

…ごめんなさい。

〈第5勝　3節1〉
理論編

「人を愛するために必要なものって何？」

って聞かれたら、君なら何て答える？　ちょい考えてみてくれよ。

？？？？？？？？？？
・・・・・あなたは・・・・・・

・・・・・考え中です・・・・・

「人を愛するために必要なものって何だよ?」

てか、そんなこと言われたって、「愛なんて自然に現れるもんだろ?」って気がするじゃん。

「愛に飾りなんかいらんわ!」って。

だけんな、親子関係見てても、上手くいってる所とそうじゃない所があるのよ。上手く行ってないとこに愛情が足りないってわけじゃない。単にテクニックが無いなんだわ。

「愛」っつう本質の問題じゃなくってテクの問題。最高のバイク持ってても、整備の知識ゼロならマシンガタガタみたいな。

ああちゃんのお母さん(ビリギャルさんのおばあちゃん)の話を見てくれりゃあ、良く分かるじゃん。超すごい愛情だっただけん、おばあちゃん、最初上手く子育て出来んかった。

じゃあ何が違うかって言やあ、愛の「伝え方」に違いがあるわけよ。言葉だって伝え方一つで全く違うもんになるじゃん。愛にもそんなところがあるのよ。

だもんでE.フロムは愛のテクニックについて考え抜いたんだわ。

肝心のそれが何かっつうと、次の4つだって書いてある。

1．ケア（Care）
2．責任（responsibility）
3．尊敬（respect）
4．知識（knowledge）

じゃあ1個ずつ、こいつら（1～4）が何なのか語らせてもらうわ。

♥愛するために必要なこと【その1】〈Care ケア〉

まず、ケアが必要だつうんだけども、「ケアって何よ？」って思わん？

「ケア」って、普通、医療の現場で人にやさしくするようなことを言うだよ。でもフロムん言うケアって、医療とか看護の世界で使われるケアっていうよりも、サッカーなんかで「相手をケアしろ」って形で使われる言葉に近いんだわ。

ちょい分かりづらいだけんが、言ってみりゃ「行動を起こせよ」ってことだ。受け身になって、愛「される」ことばっかり望んでんじゃねぇよって。

愛されガールに対する警笛だわ。

すまぬ。それは置いとかせてもらって、ホントに、

「こっちから能動的になって愛する行動を起こせ」「それじゃなきゃ愛じゃねぇよ」って言ってる。いても立ってもいられない感じで、人をケアする。

何かしてあげる。そいつが愛だってことだわ。

フロム自身はこう言ってる。

「愛にゃあ根強い問題があるんだわ。ほとんどの奴らにとって愛ってさ、『どうすりゃあ〇〇から愛されるだかなぁ』って受け身になっちゃってるじゃん。

愛ってそうじゃねぇよ。『俺はどうやって〇〇を愛すりゃいいだか』

本来の愛って、こうやって積極的なもんであるべきじゃねぇの？　だけん人って愛されることばっか考えやがってさ、愛すること考えてねえんだよ。ほとんど!!」

神・ヤーウェも、聖書の執筆者の一人・ヨナにこう言っているんだわ。

「愛のエッセンスとは誰かのために働くことです。そして何かを育むこと。愛と労働は一体。切り離すことなど出来ません[※6]」（私訳）

なるほど。確かにそんな気がするよな。

じゃけんまだ問題がある。

「じゃあ、どうやったら愛せるだよ？」

「行動っつったって、どういう風に行動すりゃいいだよ？」ってやつ。

で、そいつは次にあるわけだわ。フロムの本にこうあるのよ。

♥愛するために必要なこと【その2】責任：レスポンシビリティ（responsibility）

「責任が必要」なんて言いやがって、学校の先生みたいな気がしんでもないよな。だけん俺、これって結構面白いって思ったんだわ。フロムは英単語を使用して責任ってどんなものなのか語ったんだわ。

責任って英語だと「responsibility（レスポンシビリティ）」っていうのよ。これを分解すると「response（レスポンス）【反応】」と「ability（アビリティ）【能力】」って分けれる。だもんで、責任って「反応する」「能力」なんだと！

何かに反応してあげること。人の言葉とか仕草とか、やるべきことに反応するのが責任だって言うんだわ。

難いじゃん。でも逆を考えてみりゃ楽勝だわ。「反応しない」って何だっつうと「無視」じゃん。糞ほど頭にくるら？　そんなんされたらな。

逆に、人の話の一個一個に反応してやれって話よ。愛って責任だ。責任って反応する能力だもんで。ただ、俺思うだけんな、これ出来る奴って死ぬほど少ないぜ。親御さんにしても先生にしても。まあ俺もそうだけんな！　人の話の内容掴んで、そいつにしっかり反応するのって大変なのよ。マジで。

例えばちょい、先生とか親御さんとかが、おぬしにどう反応してるか観察してみてくれや。

なかなか出来てないぜ。で、もち、おぬしも、ちゃんと友達とか親御さんの話に反応すること出来てるか自分で自分を観察してみてくれや。糞ほど難しいの良く分かるぜ。

まあでも、フロム君は「どのように行動するか？」って愛の根本の問題に対して、「反応すること」って上手く答えてくれやがった。

「は？　嘘だろ？　簡単すぎるら？」

って思うかもしれんけど、リアルにこれって見過ごされてるぜ。

自分の話したいことだけ言うとか、逆にめんどくさいもんで人の話スルーするとか、ってなりがちなのよ。

だもんではっきり言っちまうと、君らの話を聞いてくれる大人ってほとんどいないら？大人の世界でも、部下の話をしっかり聞いてくれる上司って、ほとんどいないわけよ。

人が言ったことに対して、しっかりと反応する。

こいつは結構な努力が必要だし、骨が折れるんだわ。もち、努力なしで人を愛せるわけないぜ。花に水をやるみたく、人にも努力を傾ける必要があるわけだわ。もしくは筋肉鍛えりゃムキムキになるみたく、愛も鍛えまくりゃムキムキになる。んで彼女を愛しまくれってことよ。

言っとくが気持ちの話だでな！

♥愛するために必要なこと【その3】尊敬(respect)

尊敬するって英語で「respect」って言うんだ。そんで、言葉にも実は高級な言語って言われてるものがあって、例えばフランス語は英語よりも高級な言語だとされてるのよ。

なんで言語の話が出てきたか意味不明かもしれれんけん、ちょい聞いて欲しいんだわ。

で、実はヨーロッパの言葉で一番高級だとされてるのがラテン語っていう言葉なんだ。「尊敬する」の英単語、“respect”って、そのラテン語 respicere に語源を持ってんだそうだ。英語に直すと to look at って意味だ。look at は「見る」って意味だよな。

だもんで、尊敬するって語源的に何かって言やぁ、「見ること」なんだわ。カッコよく言やぁ、「人を観察して、人の面白い個性に気付くこと」って感じか?

そんな「暖かな眼差し」みたいなのが尊敬の正体ってことだわ。だもんで、尊敬しなきゃいかんのって目上の人だけじゃないに。

親から子供へとか、俺ら先生から生徒らへも尊敬のまなざしって送らなきゃいかんのだ。尊敬(つまり「観ること」)って愛する技術だし、そりゃ誰だって愛さんといかんら?

ちなみに鎌倉時代のお坊さんで曹洞宗の開祖の「道元」は『正法眼蔵《しょうぼうげんぞう》』って本を書いた。正法眼蔵って「正しい法則は眼差しを宿す」といった意味。フロムと同意見だ。

釈迦が悟ったときにしてた瞑想も「観察する瞑想」。ヴィパッサナー瞑想っていう観察する瞑想なんだわ。[※7]

古今東西、あったかい眼差しを向けられるかどうかってのは、人間関係の最重要事項なんだろな。もちろん、自分自身にも向けなきゃだぜ。

♥愛するために必要なこと【その４】知識（knowledge）

観察して仲間のことを知ろうとすると、「知識」が生まれる！他者に関心を向けられた時に、人って知識を得られる。

昔、西田幾多郎って哲学者がいた。西田は京大の哲学者で、有名な「哲学の道」ってあるじゃん。あれって哲学者の西田が歩いた道だもんで「哲学の道」って名前が付けられたんだわ。そのくらいスゲェ、まさに大哲学者。

西田先生は学校で習うような普通の知識を「単にいろんなものの『関係』を述べてるにすぎない」んだって言う。これ、ちょい後で説明するでね。

で、本当の知識はそんなんじゃなくって、「お前の気持ちを豊かにするもんだ」って言ってんだわ。[※8]どういうことかって言うと、学校の知識ももちろん役に立つ。

例えば「人が生きてくにゃあ酸素が必要」ってようなことがわかるわけよ。人と酸素との関係が分かる。大切だら？　だけんね、西田はホントの知識ってそういうもんじゃなくって、「自信を与えてくれる」もんだって言ってんのよ。

A．アドラーも同じ話してるけんね。[※9]「自信持てるかどうかって、人間関係をつくれるかどうか」にかかってるって。こいつはなかなか衝撃的な話だぜ。

勉強できりゃあ自信がつくかっていやぁ、残念だけんそんなことないって話になるじゃん。東大生だって大学教授だって、きょどってる奴らはいくらだっているぜ。

だもんで頭がいいことと、肝が据わってることって全く違うことなのよ。

仲間を観察して獲得した知識。そいつだけが俺らに自信を植え付けてくれるって話よ。

フロムも西田先生もそう言ってる。

智識（knowledge）ってどんなだ？ 肝が据わってなきゃ何にもできない。檻に閉じ込められてるのと同じだ。だもんで智識って開放なのだわ。

で、理論編をまとめるとこうなる。

1．Care ケア ＝行動しろ！
2．responsibility 責任 ＝反応しろ！
3．respect 尊敬 ＝観察しろ！
4．knowledge 知識 ＝上の三つから生まれる知識の力でどっしり構え、自分を解放しろ！

まとめのまとめ。〈人はこうやって愛せ！〉

・人の言葉に反応して、
・あったかい眼で観察して、
・知識を生み出せ。
そして、自分を開放しろ！　愛とは開放だ。

だもんで、人を愛することって、自分にヤキを入れることでもあるんだわ。

〈第5勝　3節2〉実践編

ここまでの話は、はっきり言ってああちゃんのお話とあんま関係なかった。ただ、フロムも実践編では、ああちゃんとほぼ同じこと言ってるんだわ。

じゃあ見てみるか！

〈第4勝　3節〉のまとめを思い起こしてほしい。

俺らが生きてるその意味って、他者がその周りの人とうまく行くように支えることで見えてくる。

だもんで、「生きてる意味を見つけること」と、「誰かを愛すること」って同じことなわけだわ。で、逆にだ。自己を見つけられないと、めちゃくちゃやばい。

どうヤバいか！

聞いたことあるかもだけん、「アイデンティティ」って単語があるだよ。自己同一性って訳されるだけど、言ってみりゃ、「自分が自分でいられる感覚」のことだわ。

自分を見つけられないって、アイデンティティを喪失してるってことだわ。こいつがないとどうなるか見てみようぜ。

どうなるかって言やぁ、自分以外のいんちきな権威に、めっちゃ頼らざるを得なくなるわけよ。極端な例で言やぁ、怪しい宗教にハマっちゃうこともあるわけだわ。

自分じゃ自分を見つけられないって思っちゃうもんで、全面的に誰かに頼らざるをえなくなっちゃうんだわ。

これって自立と全くの逆。操作とか服従だわな。服従させるなんて教育じゃない。教育って自立するために行われるものだしな。

フロムも「操作は教育の反意語」って言ってる。俺らは服従と操作の関係だけには陥っちゃいけない。キモイから。愛と権威って180度逆のものだわな！

もちろん愛（誠実）に生きることって、めっちゃ勇気が必要だぜ。だまされようが、ののしられようが、信念だけを追及する。だからすっごく勇気が必要なんだ。

なぁ。これって、ああちゃんの話だら!?

もし俺らが、「愛されない」って文句言ってばっかりで、「愛すること」をしないんじゃぁ、服従を望んでいるのと同じことだわ。そんなの自分の人生じゃねぇ。

言ってみりゃ、「影」を生きさせられてるってことだぜ。

だもんで、「愛されることばっか望むってこと」

これって楽かと思いきや、逆に死ぬほど苦しくなるわけよ。

そうじゃない。愛って「くれくれ！」って態度とは全く違うわけよ。そうじゃねぇ。全部かなぐり捨てる。

見返りがなくても、くれてやる。裏切られても、くれてやる。それでいいんだって。その方が楽だって言うのよ、ああちゃんもフロムも。

まあだけん、「実際問題、そんなんで生きていけるの？」って思うわな。フロムはこう言ってるぜ。

「愛こそを至上命題にすればよい。それで生きていけるのかと問われれば、生きていけると答えられる。経世済民の力がお前に必ず救いを与えるからだ」

やっぱ、ああちゃんと同じだら？

まあ、まあまあ、何言いたいか分かるわ！絶対こう思うはずだしな。

「マジで言ってんの？　それ？？？」

「そんなの絶対無理だろ。死ぬだろ？」

「生きてけるはずねぇ！　バカかよ（怒怒怒）」

じゃあホントのところ、どうなんだろな？　ちょい見てみるか。どんでん返しあるでな！

〈第5勝　3節3〉

【おまけ編その1】

絶望の力を借りろ、その時、愛を取り戻すことが出来る。～E．フロム『愛するということ』より～

苦しいことってなんであるんだろうな。

「この世に苦しみなんて無きゃいいのに」

そりゃみんなそう思うわな。俺だってそう。

引きこもってたときなんか、「この世がサザエさん惑星になって、苦しみとか悲しみが金輪際なくなってくれりゃあいいのに」って、すげえ思ってた。

だけど、フロムは苦しみには意味があるって言ってるんだわ。微妙に本題からそれるから「おまけ」だけど、おまけにこそいいものが潜むもんじゃん。
グリコのおまけみたく。ちょっと見て欲しいんだわ。

E.フロム『愛するということ』

＝＝＝書籍要約＝＝＝＝＝＝＝＝＝＝＝＝＝＝＝＝＝＝＝＝＝＝

愛には根強い問題がある。ほとんどの人にとって、愛とは「どうすれば誰かから愛されるのか」を意味してしまっているからだ。本来、愛とはそういうものではない。

「私はどう人を愛すればいいのか」

愛の本質はこちらにある。だが本来あるべきこちらの問題は、残念だがほとんど取りざたされていない。

なぜなのか。

すぐに答えを出す前に、「我々はどんなものを重要だと教えられているのか？」

このことについて考えを巡らせてみたい。フロムによれば、それはわずか2点に集約されるという。

男性であれば、「勝利すること、人に影響すること、成功すること」

女性であれば、「魅力的であること、美しくあること、官能的であること」

つまり、

1．どうしたら人気が出るのか。
2．どうしたら性的にアピールできるのか。
我々にとって重要なことは、その2点しか存在しない。それがフロイトの流れを汲むフロムの論だ。

さらに論を進めてみよう。

愛の問題とは次に、「誰から愛されるべきか」「どうやったら自分が愛されるべき適切な相手（異性）を選び出すことができるのか」という点に行き着く。

良く思いを巡らせて欲しい。実はこれは、「問題は全て相手」にあるとする態度だ。

つまり、自分の事は置いておいて、「彼は〇〇という職業についていから恋人に適してる」「彼女は美人だから恋人に相応しい」などと考えること。問題は相手にあるとしているのだ。

残念ながら通常、愛とはこのようなものだと捉えられている。

だが、注意して欲しいのだ。これでは「自分自身から主体的に人を愛そうとすること」に、さっぱり焦点が当たっていないということに。

愛を人のせいにしている。明らかな問題がここにある。

この状況は、はるか昔は違っていたのだという。

人が置かれた社会の状況が今とは違った。フロムはだいぶ昔にあった結婚の慣習を例に出す。

結婚相手とはかつて、自分以外の両親などの他人が決めるものだった。ここでは愛する人は選択できる対象ではありえず、「強制的に」与えられるもの。その関係の中で愛を育んでいく必要があった。

つまり、かつて愛とは「逃れられない環境の中で、自らが育まねばならない能力」だったのである。

しかし現在、我々は伴侶を自由に選ぶことができる。愛が選択可能な対象の問題になった。つまり自分で愛を育むのではなく、うまく選びさえすれば、相手から勝手に与えられるものになってしまったのだ。そうフロムは語る。

＝＝＝＝＝＝＝＝＝＝＝＝＝（以下、考察する）＝＝＝＝＝＝＝＝＝＝＝＝＝＝＝＝＝

自由（無限）に愛する相手を選ぶことが出来る時、人は愛を相手から与えてもらえるものだと考え、自分から愛そうとしなくなってしまう。

「あいつは本当に自分に対してメリットを与える能力をもっているのか」

それだけが問題となる。逆に、愛さねばならない相手が決められている（愛の選択肢が有限の）時、愛は「育むべき能力」となった。

この時はじめて、「自分はどう彼女を愛するのか」と自らを振り返るようになるのだ。

人は今、無限の自由を獲得した。しかしその代償は大きく、愛を「他人から与えられるべきもの」だと考えるようになってしまった。つまり愛を人のせいにしだした。

根深い。例えば職業選択においても同じ問題が出てくる。

「自分がすべきことがみつからない。どうやって生きたらいいかわからない」

こんな人がざらにいることは、誰だって知っている。学生と接していてもそうだし、私自身もそうだ。フロムの言を借りると、これはどう解決できるのだろうか。

選択肢がありすぎる時、人は自らにではなく相手に要求を出すようになってしまう。つまり人類が獲得した最高の財産である自由。自由こそが我々を天から与えられる使命、すなわち天職から引き離しているのだ。

人は自由になった。それゆえ愛を他人のせいにしてしまうようになった。

こんなものは本当の自由などではない。ならばそれでは、人はいったい何から自由になったのか。その〝何か〟が分かれば、問題の諸因が判明するはずだ。

それは宿命からの自由であろう。決められた伴侶と愛を共にしなければならない。決められた仕事をしなければならない。決められた社会階級で生きなければならない。そんな宿命があるとき、人は愛を他人のせいにするのではなく、自らの中から開発していったのだ。

人は宿命を忘れたとき愛を忘れる。ヘーゲルやキルケゴールは、人は絶望を糧に生きるべきだと説いた。[※10] トラウマを認め、その宿命の中で生き抜かざるをえないと認識した時、人は愛を自分自身に帰着させることができるのだ。

どういうことか？

どう抗おうとも打開できないものに、どうしても抗ってしまう。そこに光明があることはアドラーの時代から知られていた。[※1-1] かなりの割合の画家や詩人が視力に障害を持っていることが知られているし、左利きであるのに右利きを強制された人々が書に秀で、絵画や工芸に才能を発揮している。

また、サーカスでアクロバットを行う団員の多くが、幼いころ体が弱かったということも彼が見抜いた。アドラーはこれを器官劣等性という言葉で記述した。精神的な劣った部分を徹底的に鍛えることで、超人的な力を手に入れられるという理論だ。精神についても同じ事が言える。

ここに、宿命に対して立命という言葉があることを思い出そう。[※1-2] 立命とは「志を立てる」ことだと言い換えられる。

宿命、すなわち自らの苦境に押し潰されるだけではなく、苦境から自らの道を見出し、人のために生きる。元引きこもりが引きこもりを支援する。元アルコール中毒患者が、アルコール中毒患者を支援する。

立命はあがないから生まれるのだ。

浜松の偉人、金原明善は「人は艱難から信仰を得る」と述べた。[※1-3]

『聖書』、ローマの信徒への手紙　3章23～24節にはこうある。

「人は皆、罪を犯して神の栄光を受けられなくなっていますが、キリスト・イエスによる贖いを通し、神の恵みにより無償で義とされるのです」[※1-4]

人は皆、キリストを模範とせねばならない。[※1-5] つまりエゴが生み出した罪、〝トラウマ〟を償うことにより神の祝福を得られるということだ。その時我々は、天命を生きることが出来る。キリスト者キルケゴールは、自分の力で人生を切り開くこと【実存】を何より重視した。立命を得ることとはすなわち「実存」を意味する。

我々は使命・天命を得るために、宿命を認識しなければならないのだ。だから我らはトラウマの力を借りる必要がある。トラウマ、そして人を苦しめる全てのものは、我ら自身の存在意味を見つけるための道先案内人なのだ

もし、自分の力で人生を切り開くことから、絶望と宿命が抜け落ちてしまったらどうなるのか。つまり、

「大金持ちになる」
「世界一でかい会社を作ってやる」
「東大に入ってやる」

こういったプラスのエネルギーだけで自分を動かすとどうなってゆくのか。

ここに、絶望と宿命の目覚ましく有用な役割を見出すことができる。

宿命があるからこそ、人は愛を育んだ。逆に宿命を見つめないのなら、誰かに自分を愛させようとしてしまう。

「こんなにすごい自分を愛せ」と。もし絶望・宿命の価値を認めないのならば、「他者を操作する」というエゴが顔を出してくる。愛が与えられるものになってしまうのだ。

これは自由の罠。愛の候補が無限にある場合に潜む罠である。無限の選択肢には、我らに〝自分に都合がいい何か〟を探させてしまう落とし穴が潜む。

「自分がどう動くか、どう愛するか」という主体を霧散させてしまうのだ。

これをエミール・デュルケムはアノミーと呼んだ。[※1-6] 宿命を失った自由。それは「混沌」と呼ばれる。

しかし宿命を捉えることさえ出来れば、かつて、他人に決められた妻を幸せにしようとしたように、運命の人を幸せにしようと自ら進んで愛を開拓するようになる。

愛とは人を操作するのではなく、自らをさばく能力である。宿命から追放された自由すぎる世界では、人は自らの愛をも放逐してしまう。完全なる自由は人を狂わせる。

絶望の力を借りろ。その時、愛を取り戻すことができる。無限の愛は有限からの使者〝過ち〟から生まれる。咎こそが我々を映す鏡。自らを取り戻す手綱。愛は罪から生まれる。

罪からの悲しみを慈しめ。そこに新たな世界の萌芽があるからだ。慈悲とは、逃れられない運命。人は悲しみを慈しむことで新たな世界を開く宿命を背負わされている。

どう思ったよ？　難しいよな！　くそ難しいはずだ。でも読み取らないといかんことは単純なんだわ。

「艱難は愛を生むための土壌なんだ！」

これだけ読み取れれば100点満点だ。

〈第5勝　4節4〉愛ってなによ!?【決定版】

さらに続く。愛ってなによ!?　の話。
E.フロムは歴史的名著『愛するということ』でこう言ったわけよ。
「愛って、自分と他人を重ね合わせること」って。

なんとなく分かるような気がするじゃん。俺の研究でもこいつが超重要だってことは分かってて、学会でもそう発表しただよ。

でも正直、「心を重ねるって何のことだろ?」って分からんかったわけだ。だもんで俺は内心、

「どうでもいいけど、なぁ松井、心を重ね合わせるって一体、何のことだよ!」って突っ込まれたらどうしよっか？　って焦ってた。

幸い一回も突っ込まれんかったがな！

それはともかくだけん、「気持ちを重ね合わせる」って何か分かりたいもんで、逆に自分が人を愛せてない時のことを考えてみたいんだわ。

人を愛せてない時って、こんな風なこと言っちゃうじゃん。

「てめ～、そんなことも出来んだか!?」

「だせぇ！　なにそれ！　しょうもねぇ奴だな!!」

「基礎の基礎が分かってねぇわ、てめぇ！」

って感じのやつ。

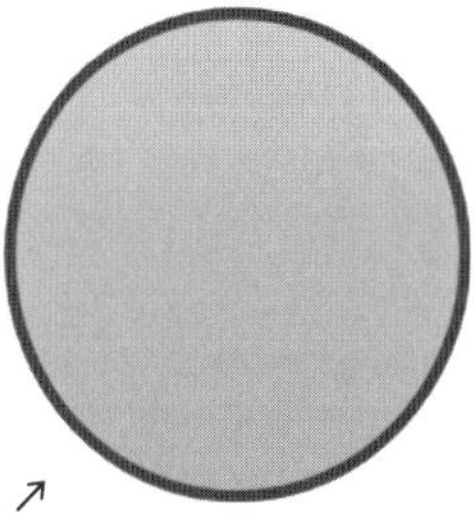

↗

こいつを言われたら完璧ディスられてるのが分かる。正直、逆に俺もこう思っちゃう時あるけどな。それに偉そうにしてるだけんが、こう言われちゃうときも多々あるんだわ。結構怒られやすいでな、俺。

まぁそれはさておき、これってどんな時に言われるかっつったら、

「人の粗を見ちゃってる時」だら。

基本、人って完璧でいたいのよ。「私、失敗しませんので」って、米倉涼子みたくいたいわけよ。

で、↗こんな風に、自分は完璧だって勘違いしちゃいがちなわけよ。

実際、ヘーゲルも『精神現象学』でそんなこと言ってる。[※1-7]
人って、自分を天才とか神の子みたいな、「神のいとし子」だと思ってるって。
で、「神のいとし子」って自分は完璧だと思ってるもんで、自分を差し置いて人の粗を探しちゃうわけよ。↑この図みたいなとこ、「お前、この灰色の部分、何なんだよ！」って言っちゃう。
だもんで人の落ち度をつついてる時って、そいつを愛せてないってことよ。あくまでも「テクニック的に」の話だけんな。親御さんだって良くこれ言っちゃってるら？　子供のこと好きなはずだけん、テク的に愛せてないのよ。

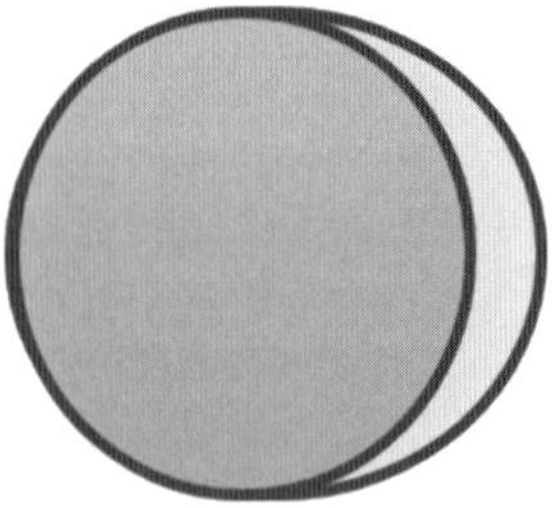

これって、まともな意見に思えるじゃん。だけんな。正直、これって大反論くらいそうなんだわ。だって普通、教育って「人の足りない部分を埋めてやるもの」じゃん。
だもんで「そんなこと言いやがって、お前！　教育を何だと思ってやがるんだ!!」って怒れそうなわけよ。
だけんな、ちょぃ待ってよ。
俺も塾講師そこそこやってるもんで、モンスターペアレンツみたいな人も結構見てる。そういう人って取り付く島もないんだわ。とにかくすげぇ圧力で異常な要求してくるだぜ。

「お前のここが足りない、だから俺の言う通りお前の塾をこうしろ×10」

「もちろん無料でな。逆に俺がコンサルタント料金もらって当然じゃね？」

「俺の意見ありがたいだろ？」って。

自分は完全だって立場から話するもんで、人の意見全く聞けんだよ。

だもんで「神のいとし子」って、悪魔みてぇなんだわ。（すまぬ。俺が出会ったモンペよ！）

ただモンペだけじゃなくってさ、俺らもそうだし、勉強できないやつって大抵、「俺って天才」

「天才の俺に勉強しろなどおこがましい」、とか言ってるんだわ。

普通、何で勉強しないかっつったら、絶望感持ってるもんで勉強しないって思うじゃん。「俺って駄目だ。頭悪いもんで勉強できねぇ」って。これ実は、逆も考えんといかんだよ。

どうかっつうと、「全能のはずの俺様が勉強などするか！」ってやつ。

身に覚えあるら？　誰だって身に覚えあるだよ。全能感と絶望感は表裏一体のわけさ。神のいとし子の立場から物見てるもんで勉強しねぇ。

で、「神のいとし子のはずの俺が出来が悪い」っつう絶望。

で、一歩も進めなくなるんだわ。

これ、あるあるなわけよ。

で、俺ら先生らはどうやって「神のいとし子」を愛してやりゃあイイか？

「俺って、間違ってもイイのかよ！」って感じてもらう必要があるのよ。どういうことだろな？

「やべぇ！　間違ってた！」

こん時、人はどう思うか？　パターンは2つあるだよ。

パターン①「いや、俺は全能、間違えるはずがねぇ」
パターン②「でもまあ、俺だけじゃなくって皆んな間違ってんだしな。間違えたけん、ご愛嬌だぜ」
「しょうがねぇ、助け合って生きてくしかねぇ」

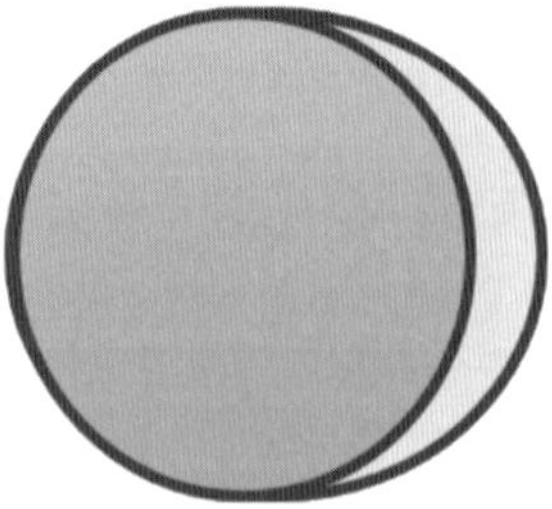

「まあ当たり前だったよな、間違いなんてもん」って。
パターン①だとやべぇよ。こいつが行き過ぎるとクソみたく孤立しちゃって、誰からも見向きもされなくなっちゃうぜ。
うちの生徒のめっちゃ人気あるやつも、一時期この罠にはまっただよ。
「俺って権力あるもんでお前ら俺の言うこと聞いて当然だわ」って感じになっちゃった。それまで仲良かった奴も「正直あいつと一緒にいたくない」って言うようになっちゃったんだわ。それからおもくそ大喧嘩した。

そこから色々あったけん、段々と分かり合うことん出来た。元々最高の奴だもんで良かっただよ。ちなみに大喧嘩したのって、俺とな。


だもんで正解はパターン②だら。

「間違ったっていいら」とか「負けたってしょうもねぇだろ?」って思えたときに優しくなれるだわ。さらに言やぁ、「間違ってるものが大事だ」って気持ちを大切に出来たときに学びが始まるだわ。

「やべぇ、自分で出来ねぇ」

「じゃぁ、人の力、借りさせてもらうわ」って。

出来ないこと認められて初めて、人間関係の勉強って始まるだもん。

ちなみに哲学者の中で最も偉大と言われる哲学者ヘーゲルも「真実とはすなわち学びである」って言ってるでな!※-8
だもんでどうすりゃあイイかって言ったら、他人の落ち度を突っつくんじゃないのよ。自分の落ち度を好きになってるとこ、見せてやりゃあ良いわけよ。寅さんみたく。

誰でも「自分のキャパシティ」みたいなやつを持ってる。上の「自分のお盆」みたいなやつが自分のキャパだと思ってな。このキャパ、自分の気持ちだけで満たしちゃいかんだよ。

そうすると「キャパ、いっぱいいっぱい」んなって、スベりまくるぜ。神のいとし子、完璧な状態のやつな。

目指すのは米倉涼子じゃねぇ。どっちかって言ったら出川哲郎だ。

え？　カッコ悪い？

まあまあ、そう言わんでくれよ。現実問題、人ってみんな出川哲郎じゃね？　落ち度が「のりしろ」んなって、人とつながれるだもん。悪さの力を借りるわけよ。

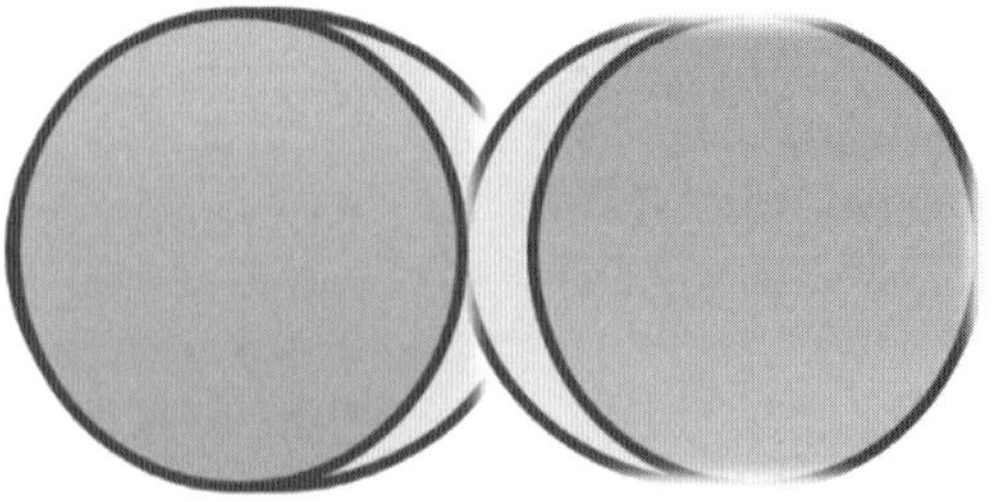

フランスの哲学者、エマニュエル・レヴィナスの概念に「始原の遅れ」ってのがある。レヴィナスがそう言ってんだわ。[※1-9] どういうことか？

ユダヤ教の「世界」って、神が譲歩したとき出来たんだって彼は言ってる。「譲歩した隙間に出来たのが世界」。それってのがユダヤ教の世界観なんだわ。なんかスゲくね？

で、自分で自分の落ち度を好きになって人とコミュると、もう一人の人も「俺も間違ってイイじゃんな！」って思うようになってくる。そこで落ち着けるだよ。

人が返るべきは米倉涼子じゃねぇ。出川哲郎なのよ。間違いの方なのよ。間違いこそが人の立ち返る港、居場所なんだわ。

こんとき異常に人に要求するのをやめられるし、人とつながることも出来る。そら時間かかるかもしれんけんね。その価値あるぜ。

そりゃ楽な道じゃねぇ。

while one is consciously afraid of not being loved, the real, though usually unconscious fear is that of loving. To love means to commit oneself without guarantee, to give oneself completely in the hope that our love will produce love in the loved person.

Fromm, Erich. The Art of Loving (p.100). Open Road Media. Kindle 版 .

エーリッヒ・フロム『愛するということ』にあった言葉を見てくれ。

――「人は意識の上では『愛されないこと』を恐れている。しかし真実、無意識ではどうかというと、むしろ『愛すること』の方を恐れているのだ。なぜなら愛するとは、自分を捧げることを、報酬などあるはずがないものに自らを捧げることを意味しているからだ。

何に対して捧げるのか。自分の愛が、愛する者の中に『愛』を育む。そんな儚い希望に自らの全てを捧げるということを意味しているからだ[※20]」――（私訳）

だもんで愛が愛を生み出せる保証はないわけよ。やべぇ！
聖書のルカ書、13章23節見たって、「神が救えるのですら、ちょっとの人だけ」って書いてあるしな。

「主よ、ほんの数人しか救われないのですか？」

"Lord, are only a few people going to be saved?"

神すらちょいしか救えねぇんだから、俺らがいっぱい救えるはずねぇわ。ちなみに経営学の神さまって言われるドラッカーもこれに習って、

「俺も、ちょっとの人たちだけ助けることん出来たわ」

Enabling a few people to get the right things done[※2-1]

って言ってるぜ。だもんで、いくら愛したって、その愛がそいつに愛を芽生えさせられることってめったにないわけよ。

生涯に1人でも救えりゃあ、それで万々歳じゃね？　神すらそうそう上手く行かんだしな。きつい話だけん、でも、俺らはそうするしかない。気持ち重ねて愛を伝え続ける以外、生きる方法なんて無いって思うだよ。他にもあったら、そりゃそれも使やぁいいでね！

自分の汚点と遊ぼうぜ。

孔子も言ってた。「過ちを見てここに仁を知る」って。自分の過ちを好きになれたとき、そ

の部分が人と自分とをつなげる【仁】になるわけよ。

だもんで愛が愛を育めんかったとしても、無理だったとしたって愛すしかねぇ。もともと汚点だったんだ。仕方ねぇよ。だけん挑戦するのよ。俺らは絶対者じゃねぇ。挑戦者だからな。

有名なお経、般若心境だって詰まる所こう言ってんのよ[※22]

失敗も成功も
要求も要求されることも
お前のこれまでの世界を全てぶち壊して
挑戦者であれ。

じゃあまとめるぜ!!

自分の落ち度じゃなくって、他人の落ち度に目が行っちゃう。こいつがヤバイやつ。そうじゃない。どんだけその人自身の落ち度を好きになれるか。

そいつが大事で、そいつが「愛」なのよ。「慈悲」って言ってもいいぜ。

ちなみに慈悲って何だろな?「慈」の上の文字「茲」は増えるって意味。だもんで「慈」って増える心。増やして育てる心のことだと。[※23]

さらに言やぁ、草の芽と細い糸とを合わせて、小さいものが成長して増える様子を表してる。

小さい子を育てる親心のことだって。[※24]

だもんで、「慈悲」って悲しみから何かを萌え出させることなのよ。言ってみりゃぁ「慈悲」って、欠点からつながりを生み出して、新しいものをつくることなんだわ。

だもんで、↑上の灰色の部分をチクチクするんじゃなくって、こいつを好きになりゃあ、いいわけよ。

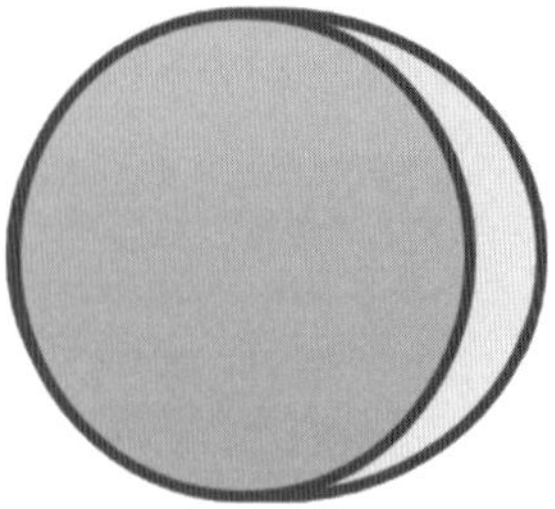

人間なんて、つながんなきゃ何の価値もないぜ。

浜松の雄、パイフォトニクスの池田社長に教えてもらった。美しいものって、他人の落ち度じゃなくって、自分の落ち度に目を向けさせるじゃん。だから涙が出るんだってよ。

〈第5勝　4節4―1〉
哲学の歴史の中で最も難しいとされる本がある

上の理論だけん、実はめっちゃ近いことを言ってる本があるだよ。そいつがこれまでもちょくちょく出てきただけん、難解とされる哲学の内にあって史上最難関って言われるヘーゲルの『精神現象学』[※25]なんだわ。

これ、出版直前までこの本に入れるのやめよっかと思っただけん、やっぱどうしても入れにゃぁいかんって思った。だもんで入れることにするわ。

俺の説明にしても強烈に激ムズだけん、哲学史上最難関だもんでしょうがないら。

ちょい挑戦してみてくれ。

G．W．F．ヘーゲル（1997）『精神現象学（上）（下）』平凡社ライブラリー　より

近代哲学の集大成にして最高の叡智。そして難解を極める哲学の領域にあって最も難解とされるのが、本書G．W．F．ヘーゲルの『精神現象学』である。ここには一体何が書かれているのか。

天命についての概念「ことそのもの」、主人よりも奴隷に未来があるとする「主奴論」。本書にはこうした重要とされる論述が多々存在する。

しかし、そんなものは単なる目くらましに過ぎないのだ。

それでは、本質は何なのか。ヘーゲルの立場を端的かつ率直に表明した言葉として有名な言葉が、序論の49ページに登場する。

> 死を避け、荒廃から綺麗に身を守る生ではなく、死に耐えて死の中に自己を支える生こそは、精神の生である。

やはり難解である。これは一体どういう意味なのか。以下見てみよう。

本書下巻の「解題」、4－1ページにもあるように、この本は序論こそが最後に書かれたものであり、全体のまとめとしての趣が強く出ている。

だからここは最重要なものと捉え、しっかり読み込まねばならない。

『精神現象学』では、対置される2つの重要概念が存在する。神の認識を直感する「宗教家の知恵」と、もう一つは「努力の知恵」、すなわち〝知とは霊感によるのではなく、学びとるものだ〟とする立場だ。


宗教家の知恵を持つ人は、神の祝福がないにもかかわらず「ある」のだと、間違って捉えてしまう場合がある。そんな「神のいとし子」達は、困難にぶち当たった時に混乱に陥ってしまう。

絶対であるはずの自分の（神の）知恵が通用しないからだ。また、彼らはあまりに上からものを語り、その絶対的正しさを根拠に人を支配しようとする。

だから闘争と混乱とが付いて回る。だが、〝真理〟の本当の形態はそうではない。

自らが間違っていることを認識し、学ぶことで他者と一致することをどこまでも求める中にそれはある。ヘーゲルはこちらの立場をとる。すなわち現実における真理とは、学問なのだと。

だから我々は不完全さを認めねばならない。その時、自ら以外のものに模範を求めるようになるのだ。それがすなわち「認識の誕生」なのだとヘーゲルは言う。人生への〝目覚め〟なのだと言っていい。

不完全さにより人は目覚める。そして学とは認識（目覚め）なしではありえない。釈迦が観察する瞑想、ヴィパッサナー瞑想で悟りを得たように、我々は認識することで真実を見つめるのだ。釈尊の別名、ブッダ（Buddha）とはサンスクリット語で「認識する」が原義なのである。[※27]

逆に言えば、不完全さを認めない神のいとし子達は、「他者」に真理を求めない。すなわち「認識」する能力が開花しない。

それだけに、他者の中に肯定すべき部分を見つけ出すことも不可能だ。まさに人が人とつながることができるのは、自らを否定できた時なのである。

自らを否定した時、他者を発見する。そのとき同時に自ら自身をも見出す。自分の内にある否定性を客観視し、自分を他人にする。他人だからこそ、自分を「発見」できるのである。

この時、否定性は逃げるべき怪物などではなく、克服し狩るべき獲物となる。否定性（自分）から逃げず、否定性（自分）に向き合うようになる。

つまり、人が学び（真理）の道を歩み出すのである。我々は神のいとし子などではない。悪を内に認められた時に初めて「認識」が生じ、自己と他者に向き合い、学びすなわち真理の道を歩み出すことができるのだ。ともすれば陥りがちな独善だが、正しいことは常に間違いの中にある。

否定性を基底としたこの死のプロセスが、前述した本書の核として述べられていた、「死の中にこそ自己を支える生を見出す」ことだ。すなわち精神の生なのだ。

ちなみにキルケゴールは「トラウマに立脚し、社会に貢献しようと想像を羽ばたかせるプロセス」を、ヘーゲルと同様「死」と名付け、そこに究極の救いを見た。※28

これはまさに実存の書。

一般的にはキルケゴールから始まるとされる実存ではあるが、間違いなく彼はヘーゲルの系譜の中に数えられるべきである。

しかし一点、キルケゴールと異なるポイントとして、絶対に押さえておくべきものがある。ヘーゲルは、人が「死のプロセス」を歩む時、我らは〝絶対知〟に向けて浮上する螺旋運動に乗っているとするのだ。

自己に向き合い、課題に立ち向かっている時、それは同時に絶対知へとつながる祝福の流れに体を任せていることになる。彼は超自然的な神の力を認めているのである。

私見だが、絶対知とはおそらく釈迦が至った解脱の彼岸。孔子が到達した、「70にして心の欲するところに従えども、のりを超えず[※29]」の境地だろう。そこには間違いがないのだ。

自己への道。それは彼岸へ至ろうとする菩薩の道である。大乗仏教が彼岸を目指す「努力」の中に救いを説いたように、ヘーゲルは自己へと至ろうとするスタートにこそ究極の真実があるとした。

これは始まりの書。始まりにして集大成。哲学史上最も偉大と言わしめる哲学者が打ち立てた地獄の門である。

〈第5勝　4節5〉【というかおまけ編その2】愛はどこから生まれたのか？　C.G.ユング『ヨブへの答え』を見れば分かる

さらにいったん、ちょっとわき道にそれてみよう。わき道ばっかだ！　すまぬ。

で、愛ってそもそもどうやって生まれるんだろうな？

そんなこと考えるやつはほとんどいないけどな。さすがはこの世の不思議を全て解き明かしたとも言われるC.G.ユング[※30]。ユングにはそれがわかった。だからちょっとこの『ヨブへの答え』見てみようぜ。


愛の神「ヤーウェ」。この神さまについてはみんな知ってるはず。でもユングの解釈では、ヤーウェは最初から愛の神だったわけじゃないんだ。

っていうのも、旧約聖書の時代、神は、今の「愛の神」になった神様から見たらめちゃくちゃなこともしてる。

例えば、
・ソドムとゴモラを神の火によって滅ぼした。
・アブラハムを出国させるためとはいえ、エジプトに疫病を蔓延させた。
・エリコの城壁を粉々にして国を聖滅させた。
などなど…かなりの荒ぶる神だったのだわ。


だけどキリスト後、新約聖書になってからはご存知の通りの今の愛の神になってる。神はどうやって荒ぶる神から愛の神になったんだろな。

それについて述べられているのが、C.G.ユング[※31]の最高傑作『ヨブへの答え』[※32]なんだわ。

ちょっと難しい文章だけん、次の文章が『ヨブへの答え』のダイジェストだぜ。挑戦してほしい。短いでな。2ページしかないぜ。

ユングはその最高傑作、『ヨブへの答え』の中で、荒ぶる神が愛の神に至る様相を記述している。旧約聖書の荒ぶる神は、サタンにそそのかされ、ヨブを艱難に陥れてしまう。ヨブは東方で最も裕福な人だったが、この時一瞬にして7人の息子と3人の娘、羊7000匹、ラクダ3000頭、牛1000頭、ロバ500頭の全て、さらに非常に沢山の召使たちのほぼ全員を失ってしまう。※33

彼の艱難は続く。足先から頭の先まで悪性の腫物で覆われてしまったのだ。ヨブの妻までもが「神を呪って死ね」と言う程のものだった。

見舞いに来た3人の友は最初、彼の変わり果てた姿に彼だと気付けなかった。3人は大声で泣き、悲しみのあまり衣服を引き裂く。7日間彼と共にしたが、ヨブの痛みを見て誰も彼に話しかけられなかった。※34

絶望の渦中、だが彼の信仰は動じない。この哀れなヨブの信仰に、あろうことか神は全能を超える力を見いだす。全能は人に学ばねばならなかった。

だからこそ神子キリストを受肉させた。そうユングは説くのだ。

神に自身を悔い改める契機を与えたものは何か？それは絶望の中で示される人の真摯さ。絶望と正面切って戦う不完全な人間だけが示すことができる真摯さ。

この犠牲には全能に省察を生起させる程の圧倒的な魂が潜む。神子を「死」に至らす犠牲を自らに課した後、ヤーウェは新約聖書の愛の神となる。

愛の世界は、人が艱難で示す絶望と真摯さとに潜む。

キリストは磔に処された時、こう神に祈った。

詩篇22篇22の1[※35]

わが神、わが神。

どうして、私をお見捨てになったのですか。

遠く離れて私をお救いにならないのですか。

私のうめきのことばにも。


ユングであればその言葉に応えることが出来よう。

全能は愛を学ぶためにどうしても彼の犠牲を必要とした。

故に彼はメシア、救世主なのである。

この本、どう思いましたか？[※36]

ここに艱難がどれほど大切かって書いてあった。じゃあ愛って、どうやって生まれたっけか？
そいつは…

艱難に立ち向かう不完全な人間の真摯さだった。そいつが愛を生んだ。

じゃあ、ちょっとこの辺で、ある人のお話で一息ついてください。今語った例が良く分かるんだ。

〈エピファニーを得た起業家　ケースNo.４　魂の伝道師　辻村泰宏さん〉

起業家アソシエーション　プロジェクト8　代表
有限会社　辻村　代表取締役　辻村《つじむら》　泰宏《やすひろ》（以下敬称略）

起業家とはなぜもこうまで苦闘を強いられるのか。辻村の出会う起業家の多くが辛酸を舐めた人生を歩み、プロジェクト8は起業知識の伝達をメインに謳いながらも、あたかもカウンセリングや駆け込み寺のような様相を呈している。

辻村自身も簡単な人生を送ってきたわけではない。13歳の時、自殺未遂を起こしている。

父が酒乱、母も毎日父を怒らせ家庭内不和が絶えない。父は母を殴り、物もとんだ。そんな中、彼は親の愛情を欲した。だが不作に終わる。子供は親の愛情を元に自己像を築くという。その過程をしくじることほどの不幸はこの世に存在しないのかもしれない。

喧嘩は強かった。学校をしめていた番長と唯一引き分けた。正義感が強く、弱いものいじめを見逃すことができなかった。子分を助けたり、先生にも注意をしたり。だから、木鐸としての素質は子供時代から備わっていた。

中学一年、地元浜松で最も高名な進学塾へ通うことになる。大嫌いだった父親に泣かんばかりに頭を下げ、「どうしても」と入れてもらった塾だ。しかしそこにいた明治生まれの英語教師とそりが合わなかった。塾に登校できなくなる。

その罪悪感が、純粋な少年の心を打ちひしがせる。父親に対しては冷めた感情しか持ち合わせていなかった。殺す価値もない男。しかし塾に登校しなかったことは、最低の父親を裏切る、父よりもさらに最低の男になったことを意味した。

それが生きるための自尊心を覆滅させ自殺に走らせたのだ。雪山や薬など、自殺と悟られる方法は取りたくなかった。母に自殺だとわからないようにすることがせめてもの孝行だった。

自殺しようと外をふらつく。ちょうど車にはねられそうになる。しかしその時、反射的に車をよけてしまう。無意識は生きることを望んでいた。

それを知った時、「自分は今死ぬことは出来ない」と感じられた。徐々に生きる欲が強くなる。母だけは幸せにしたかったという気持ちが膨らんでくる。

両親に何かあった時、自分を引き取って育ててくれると約束してくれた子供のいない叔母のことも、また、幸せにしたくなった。

「自分は最低の人間だから自分のために生きてはいけない。自分のためではなく人のために人生を使おう」。そんな風に感じた。


しかしその後の人生も不運は続く。バブル崩壊後、200万円の長女の学資保険を崩さねばならなかったとき、父として経営者としての情けなさから、なぜ自分ばかりこうした不遇を生きねばならないのか疑問が頭から離れなくなった。8時に帰宅し3階にいる娘の顔を見て号泣する。

この境遇に対する恨みが頭から離れなくなる。来る日も来る日も悩み続けるが答えは全くでない。浜松の山奥、天竜の山道を運転している時、ふとある思いが頭をよぎった。

「ここでハンドルを切れば保険金で娘を大学まで行かせられる」

長い山道で何度もハンドルを切ろうともがくが、両腕は動かなかった。死ねず帰ってきた。

生きることは生きている。しかし状況は全く好転しない。何をしても裏目に出る。行き詰った生活はさらに厳しさを増す。

だから次は天竜の山道へ死にに行った。だがこの時も死にきれなかった。

何をしようもなく師匠と仰ぐ方の講演会へ出向く。講演の途中だった。多くの聴衆に語りかけている中、辻村の姿に気付いてくれる。

「何かありましたね。…（中略）…。それはこれから人を助けるための良い体験談になります」

講演を止めて辻村一人のために言葉を投げかけてくれた。

「このたった一言が再起の全てだった」。

そう辻村は述懐する。

平成19年辻村45歳、プロジェクト8を開始してから、徐々に運命の歯車が回り出す。父親から引き継いでいた呉服店を改革し、第二創業を経た後、知識の不足を感じ創業塾に参加する。そこの8期生30人が集まって新たに創業支援事業を始めた。プロジェクト8の8

は8期生の8である。

50歳の時、こんな女性に出会った。月商300万円程度の楽天ショップを運営する企業に勤めていたその方は、努力の末、売り上げを800万円にまで引き上げる。

その後出産を経験するが、マタニティーハラスメントにあう。毎日電話がかかってくる。

「何やってるんだ。いつ出社できるんだ。早くしろ」

出勤せずにはいられない。その後会社が一人後輩を雇った。社長から「次、子供が出来たら首」と冷たく言い渡される。

辻村の周りには出産で苦労した方が多い。とてつもない費用を払い、肉体的にも多大な負担を負う。それでも願いが叶うかは運次第だ。流産に見舞われ、気持ちを病んでしまった方すら何人かいる。

もちろん願いが叶った喜びも知っている。なのになぜ、出産に罪悪感を抱かせるようなことをするのか。後輩を懸命に指導し仕事を覚えた瞬間、彼女は解雇されたのだという。

辻村はこの話を聞いたとき、「つま先から頭の先まで電流が流れた」、と声を震わせて語る。こんな艱難にある人たちを助けるために支援をする。

「懸命な人達が、まともに生活を送れない世の中なんておかしい」

辻村が起業家支援を行う理由はここにある。そして今、彼女は元の収入を超える報酬を得られるようになった。

プロジェクト8にはこうした方が多い。本当に納得できる自分であるために、他の企業に勤めるのではなく、起業せざるを得ない人たちがいる。出産直後であったり、数えきれない転職を重ねるなど、経歴上希望する職業で働くことが出来ない人が辻村のもとを訪れる。

「自分のためではなく人のために人生を使おう」

そう思った13歳の日を鮮明に思い出し、彼はこの天命に賭ける。

辻村はセミナーでこんな自分を開示する。すると苦境にあえぐ参加者からも自己開示が相次ぐ。辻村のセミナー参加者は希望者に対してセミナー後、個人面談も行う。

その時間は実に一人最低2時間。その中で心を開いてくれる参加者に出会った時、辻村は苦境に喘いだ自身の50年間は、人の気持ちをくみ取り、共に寄り添うために必要な時間であったように思うのだ。

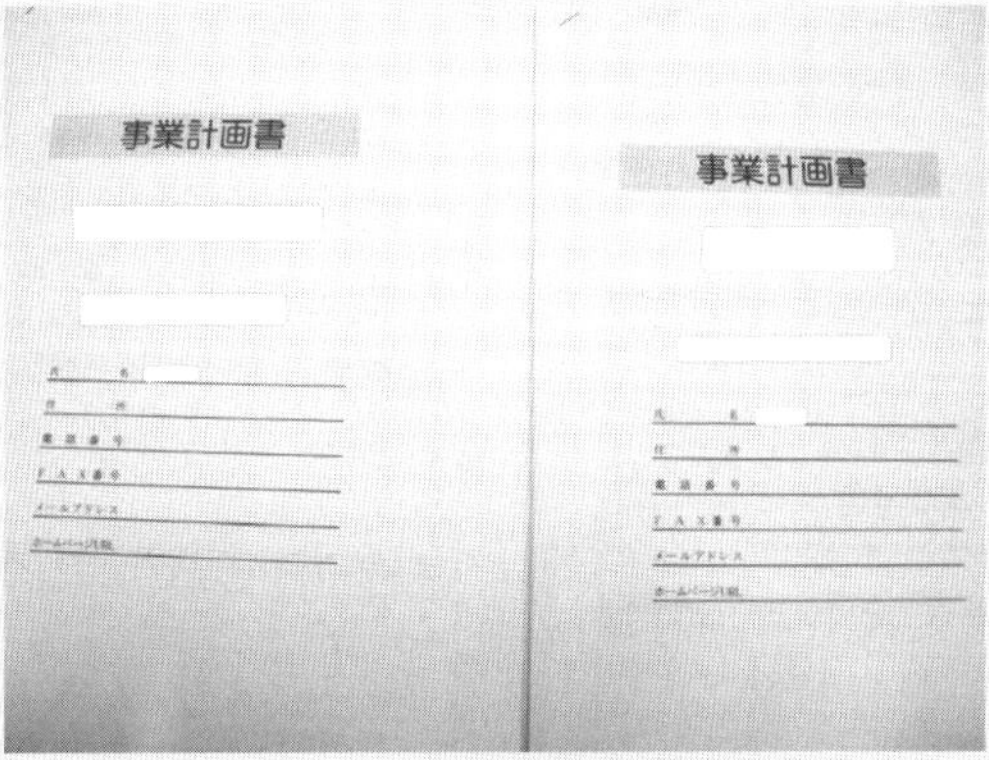

(辻村氏が保管しているその事業計画書の実物)

現在、氏の仕事は9割がこうしたコンサルタント事業、呉服は1割程度である。セミナーは静岡県を中心に行い、カリキュラムの時間数は36時間。

これでも人の人生を預かることを考えると最低限のことしか出来ていないという。起業を成功させるには起業一年前と創業後一年の使い方が最も重要だという。

例えばこんな方を支援した。大手コンサルに事業計画を酷評され辻村のもとに訪れた女性だ。辻村がこの計画を見放していたら、それまで経営していた全事業をたたむつもりでいるという。

面談時、最初にそのことを告げられた。自らの再起の全てをかけた事業計画。人はそれを簡単に反故にする。彼女が求めていたのは救いであろう。

しかし2時間の面談の1時間45分、彼女は辻村のアドバイスを全く受け入れられなかった。残りの15分、奇跡的に耳を傾け始める。その後、無事起業。現在まで無事に事業を継続している。人を支援するため、絶対にあきらめない。

心無い言葉は簡単に人を破滅に導く。人を殺すかもしれない冷たい言葉を放ったそのコンサルタントは、彼女に対してどう責任を取るつもりであったのだろうか。

悩み疲弊する起業家を勇気づけるカウンセリング的起業家支援。自らの不遇を肯定するまでの志を建てた辻村は、起業家の数奇な運命ですら受け入れる力強い生きる力を育てている。

その中で悪は必ずしも悪ではない。不幸としかとらえようのない経験も、じっと待っていると、かけがえのない使命を彩る必要不可欠なピースへと昇華してゆく。

自己開示を可能にする自由にして保護された空間。プロジェクト8はそんな「アイデンティティー」を醸成する場なのである。

なお、現在では父とも和解。多忙を極める中、6月の父の誕生日には毎年必ず水入らずで漁港近くの魚屋まででかけ、新鮮な魚を物色する。そんな贖罪である。

第6勝

愛とエピファニーは違うぜ

ここまでで、実は問題点が２つ出て来てるんだ。何だと!?　それはね～…

問題は２つ

・愛があればエピファニーは起きるのかよ？
・人はマジで愛の苦しさに耐えられるだか？

こいつらだ。それじゃあ見ていこう!

さっきの図に登場してもらった。矢印２って、イイことにイイことが重なるところだったよな。そのためにはエピファニーっう転換点を経る必要があるわけだ。矢印２の段階が愛することが出来る段階。そこに至るために、一個の転換点を通る必要があるってことだわ。

じゃあどうやったらその転換点「エピファニー」を起こすことが出来るんだ？　こいつがこの本の本題中の本題!!　一番重要なとこだ。満を持してその話をさせてもらうぜ。

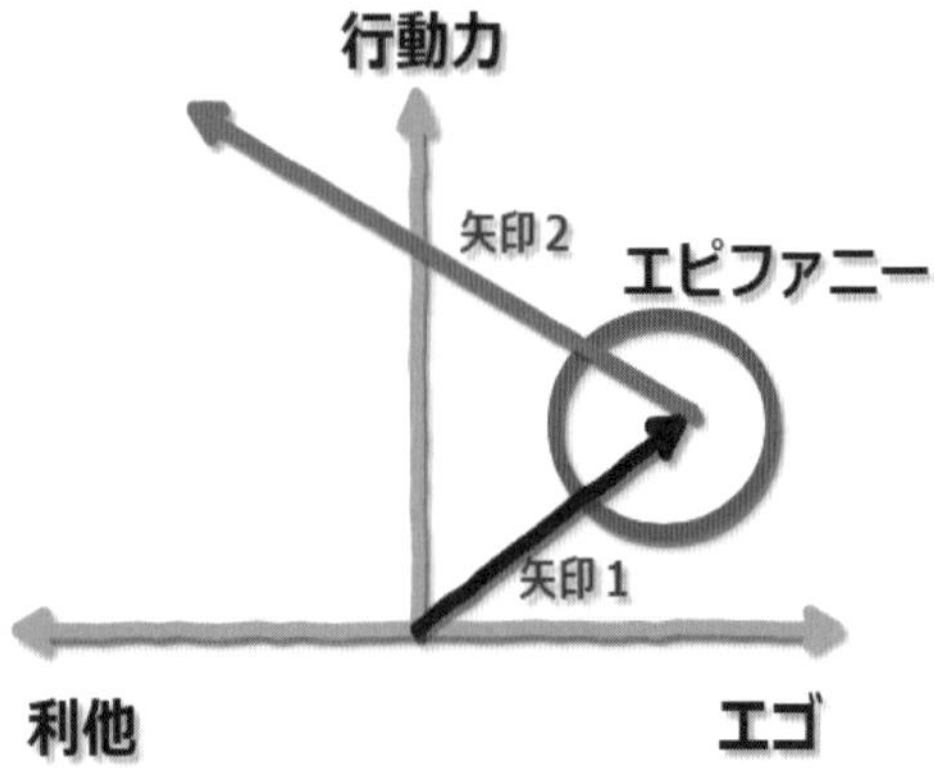

〈第6勝　1節〉
エピファニーを起こせ!!

第4勝でも説明させてもらったけど、研究手法IPAを利用すると何が見えてくるだっけ？「人が抱く困難の意味・存在の意味」が見えてくるんだったよな。

だからIPAで丁寧に人を観察すれば、「困難から、どうやって生きる意味を見出すのか」っていうエピファニーの起こし方が分かるはずなんだ。

研究者以外には必要ないIPAの細かい手順みたいなところは省かせてもらうでな。（もし必要な方がいらっしゃいましたら、ご連絡ください。メールは hayato.matsui123@gmail.com になります）。でもほんのちょいだけ言ってみると、IPAっていろんな段階を踏むけど、基本、下の図みたいな形で進めるんだわ。


これはちなみに、辻村先生のインタビューを研究手法IPAにかけている途中の図なんだ。


じゃあ、早速だけど辻村先生はどうやって「困難の意味・存在の意味」を見つけたのか見てくれ。次のが研究手法IPAが導いた一つの成果。

辻村先生が見つけた、トラウマから存在の意味を見つけるための方法だ！

	起業家とはなぜもこうまで苦闘を強いられるのか。辻村の出会う起業家の多くが辛酸を舐めた人生を歩み、プロジェクト８は起業知識の伝達をメインに謳いながらも、あたかもカウンセリングや駆け込み寺のような様相を呈している。	
人生との苦闘		本当に苦しかったこと
	辻村自身も簡単な人生を送ってきたわけではない。13歳の時、自殺未遂を起こしている。父が酒乱、母も毎日父を怒らせ家庭内不和が絶えない。父は母を殴り、物もとんだ。そんな中、彼は親の愛情を欲した。だが不作に終わる。子供は親の愛情を元に自己像を築く。その過程をしくじることほどの不幸はこの世に存在しないのかもしれない。	自殺未遂 小さな声 声が震える なぜ愛を得られなかったのか アイデンティティ形成の失敗 最大の不幸
自己像は親の愛情を基に形成されるが、それに失敗する	喧嘩は強かった。学校をしめていた番長と唯一引き分	

気持ちを重ね合わせてもらう経験を通し、辻村はトラウマを克服した。
彼自身、他者に気持ちを重ね合わせ、志を得た。主観（気持ち）を共有する。それが「気持ちの重ね合わせ」、すなわち「愛」の連鎖を起こす。
このプロセスが志（＝困難の意味）を生む。体を重ね合わせて赤子を産むように、人は気持ちを重ね合わせて志を産む。※1

こうした「困難の意味の見つけ方」を、８名の方から探させてもらった。ＩＰＡで許可されている調査人数の上限が８名だっていう都合があるんだ。

右の囲みの様な結論を１人１人、８人分創ってく。いわば小さな結論をたくさん出して、それらの関連性なんかを考えることで、最終的な大きな結論を出す。

ちなみに、上の辻村先生の結論みたいなケースごとの小さな結論は、一人一つしか出ないとは限らない。２個も３個も出る時があるんだわ。８人分出したら、それをまとめてさらに重要なものを探す方法がある。で、小さな結論をまとめて論文の本当の結論を探していくんだ。

辻村先生のもの以外の小さな結論には、こんな感じのものがある。かなり簡潔な表現に直してあるだけん、これは全部起業家たちにとって「自らの悲しみの意味・存在の意味」を見つける時に、めちゃくちゃ役に立ったものなんだ。

1. 悪戯心を抱くことで復活する。
2. 思いやりを抱くことで復活する。
3. 思い切り何かを表現することで傷が癒され、復活をする。
4. 悲しみの向こう側で必ず人と繋がることが出来ると無心に信じることで復活する。
5. 原点に回帰することで復活する。
6. 悲しみこそが初心、と心に留めておくことで復活をする。
7. 心を重ねてもらう経験をしてトラウマを癒し、心を重ねてあげる経験をすることでエネルギーが湧き、復活をする。
8. 挫折の中、もがき学ぶことで、腑に落ちる概念と出会う。それが復活のきっかけだった。
9. 強さではなく、障害を持っている方等の「弱さ」から学びを得た時、心が開き、復活を果たした。

ちなみに、友達や先輩の起業家45人に「上の1〜9のうち、どれが心に響く?」って質問したところ、5と8がめちゃくちゃ多かったっけ。

なんで45人かっていうと、けっこう丁寧に「アンケートにお答えください」っていう内容のメッセージの文面を一人一人に書いて送ったもんで、45人目で気力の限界を迎えたもんでだ。

でも統計学的には31人からアンケートを集められれば、しっかりした研究だって考えて、OK[※2]ってことになってるもんで大丈夫だでな。

〈第6勝　2節〉
苦しみから見出すもの

それじゃあ俺らの先輩たちが苦しみから見出したものって、なんだろ?

まずは、「どうやったら矢印1の悪循環から脱出できるのか」、そいつを見て行かせてもらうで。

アドラーはこう言ってる。

「人は自らのパーソナリティーを把握した時に初めて、変化を起こすことが出来る」[※3]

この意見を頭においてもらいながら、起業家たちが何を語ったのか見てもらうな。

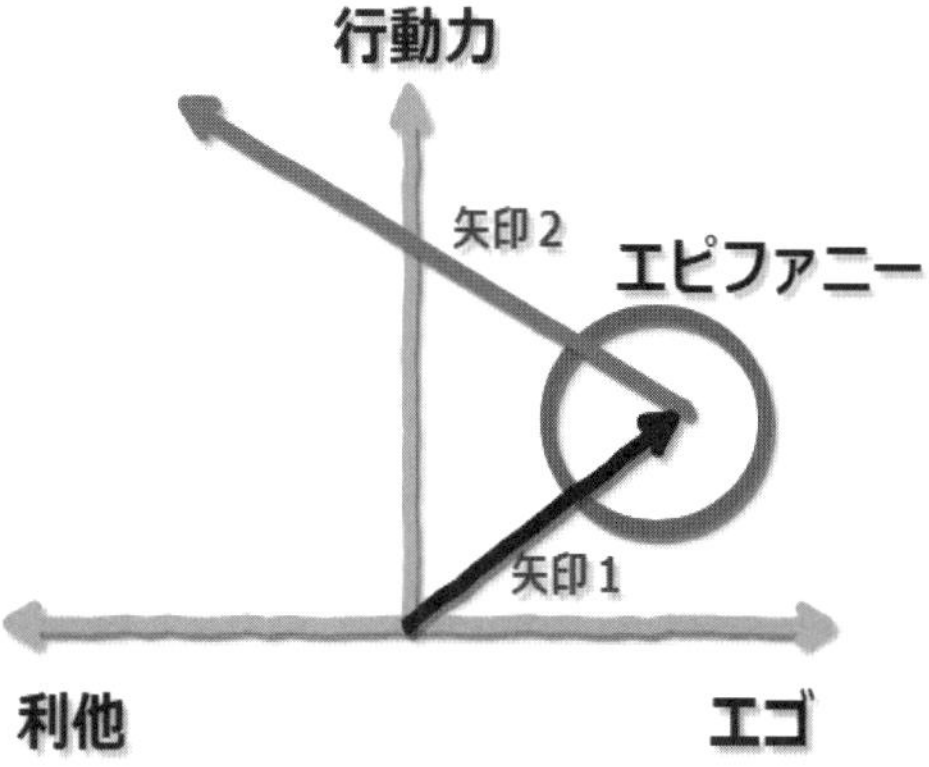

でもな。「何を語ったか見てもらう」って言っただけん、実は見てもらうのって内容じゃないだよ。

「は？　内容じゃないってどういうこと？」って感じだよな！

俺がした起業家へのインタビューの文字起こしから、彼らがどんな単語を沢山使ったのか調べてみただよ。そう、内容じゃなくて単語の数だ。そっから色々分かるわけだ。

意識してることじゃなくて無意識のうちに、重要だもんで沢山使っちゃう単語がある。そんな「意識下で重要だとしてる、本当に大切なもの」、それが何かってことがこの調査で明らかになるわけだ！

じゃあ早速行こう！　トラウマから復活を果たした起業家が使った単語ベスト14

この前に一つ談話があるんだ。さっきのケースに登場してもらった辻村先生に初めて会った時に言われた話。そうこの方、覚えてる？

順位	単語	登場回数
1位	人	126回
2位	自分	115回
3位	れる	113回
4位	出来る	91回
5位	いう	76回
6位	ある	76回
7位	それ	74回
8位	たい	71回
9位	ない	65回
10位	られる	64回
11位	ます	63回
11位	う	63回
13位	せる	59回
14位	起業	52回

辻村先生はこう言った。

「アイデンティティの形成と起業家精神の形成って、まったく同じなんですよ」

僕：「我が意を得たり！」

俺のセリフが若干時代劇がかってるけん、こう話してくれただよ。俺はこの時まさに「我が意を得たり！」って一心太助のごとく思ったんだわ（若者だれも知らんかもしれんけん）。

だけん当時、「アイデンティティ形成と起業家精神の形成が同じかどうか」ってことを確かめる手段がなかったんだわ。

「くそ～！　何とかならんもんか」って、ずっと思ってたね。（ちなみに辻村先生って、超怖い先生だでな写真が優しそう？　甘いな～）

で、だ。さっきの単語の登場回数からそれが分かったんだわ。

どういうことだろな？

さっきの単語のやつの元ネタって、当然起業について語ってもらったものなわけよ。だけどおかしいことがあるんだわ。

どこだか分かるかいな？

この後、すぐ答え書いちゃうけど、ちょっと考えてみてくれよ。おめえ（悟空）が研究者に向いてるかどうか分かるかもしれん。

起業家の使った単語ランキングの14個を見て、おかしなところを見つけるんだぜ。もしかしてオラより凄いことを思いついてるかもな。なんか面白いこと思いついたら、ここまでメッセージしてくれよ！　ワクワクしてきた!!

hayato.matsui123@gmail.com

そんで、この後すぐに、図の表のどこがおかしいのか言っちゃうでな。

……つまりこういうことだわ。

「起業について聞いてるのに、『起業』って単語より、『人』『自分』って単語の方が遥かに沢山使われてた」ってことだわ。それじゃあ次頁の表を見てくれ。

「起業」より「人」について考える回数の方が約5倍多い。

じゃあ行くぜ。

順位	単語	登場回数	
1位	人	126回	1位2位の合計 241回
2位	自分	115回	
14位	起業	52回	52回

辻村先生は「アイデンティティの形成と起業家精神の形成は同義だ」って言ったけど、実際はどうか？

「アイデンティティの形成は起業家精神形成の5倍重要」

ってことん分かった。

アドラーはこう言ってたじゃん。

「人は自らのパーソナリティーを把握した時に初めて、変化を起こすことが出来る」[※4]

矢印ーから2へ。起業家たちは自らの運命を変えるために、人間や自分自身について考えて考え抜く。命を食いつなぐために「事業」を起こすんだぜ。

だけど、さらに「命を食いつなぐ事業」の5倍、「自ら」について考え抜くのよ。

〈第6勝　3節〉
自らに課せ。鋼の制約を

いろいろな方のケースを見てもらったけど、起業家たちが苦境にあって見つけるもの、それってなんだろうな？

苦しむこと、苦しみの中から「自分」を見い出そうとしてるんだ。アドラーが述べたように、パーソナリティーを把握して初めて運命を転換させられるからな。

これだけじゃない。それじゃあ、さらに深く潜っていくぞ！　この程度で終わるわけがない。

起業家は苦しみから自分を見い出した。見い出したってことは、それまでは「自分」を見い出していなかったってことだ。

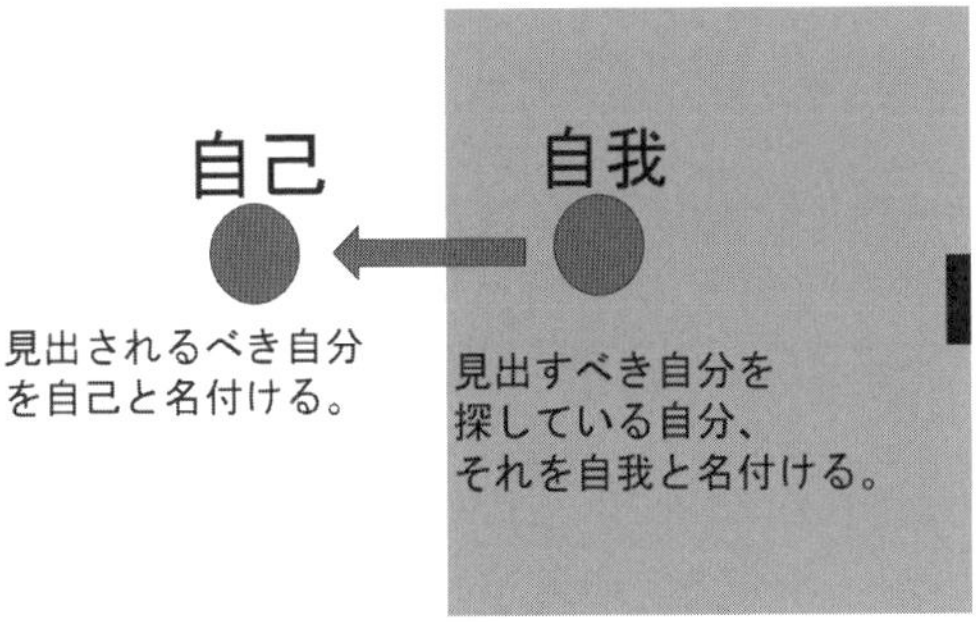

自我
見出すべき自分を
探している自分、
それを自我と名付ける。
自己
見出されるべき自分
を自己と名付ける。

なら、

自分を見い出していない自分。

それってそもそも何なんだ!?

フロイトやユングにならって、自分を「自我と自己」とに分けて考えてみるな。すると上みたいになる。

「本当の自分を探してる自分」、それを「自我」

「見い出されるべき本当の自分」、それを「自己」

…って名前を付けさせてもらうな。

じゃあ、自己ってどこにあるんだ？　どこを探せばいいんだろうな？

ここで一つ逸話を聞いて欲しい。俺は週に一回、フェイスブック上で瞑想の指導をしてもらってる。無料で指導してくださるタイのタンマガーイ寺院のソムキャット僧師という、とっても優しくて徳の高いお坊さまがいらっしゃるんだわ。

その師が２０１８年の８月の末ごろ、こんなお話しをして下さったんだ。

ちょっと聞いて欲しい。

ショートショート物語　「三匹の小悪魔」

あるところに三匹の小さな悪魔がいました。三匹は「人間の幸福」をどこに隠そうかと相談しているようです。

一匹の小悪魔が言いました。

「人間の幸福を山の頂上に隠そう！」

でも他の小悪魔が反対しました。

「人は山が大好きだから、それじゃあ見つかっちゃうぞ！」

だから三匹は、山の頂上に隠すのをやめることにしました。

次に二匹目の小悪魔が言いました。

「人間の幸福を海の底に隠そう！！」

でも他の小悪魔が反対しました。

「人は好奇心旺盛だし頭がいい。いつか海の底まで潜れる機械をつくって見つけちゃうぞ！」

だから三匹は、海の底に隠すのをやめることにしました。

その次に、三匹目の小悪魔が言いました。

「人間って人ばかり気にして、自分のこと全然見ようとしないよね。だから、そこに幸福を隠そう‼」。

だから三匹の小悪魔たちは人間の幸福を、その人自身の中に隠すことにしました。


…これってまんまと成功しちゃってるよな！


ソムキャット導師だけじゃなくて、ダライラマ14世もこう言ってる。

「他人の何千もの欠点に目をつけるより、自分の唯一の欠点に気付くほうが、よほど役に立ちます。自分の欠点なら、私たちは自信を持って修正できる立場にあるからです[※5]」。

お釈迦さまもこう言ってる。

「外の世界を欲するということは、『牛飼いが他人の牛を数えている』のと同じくらい意味がありません[※6]」。

こうした賢者たちの言葉から何が分かるかって言えば、「自己って自分の内部にあるもの」だってことだよな。

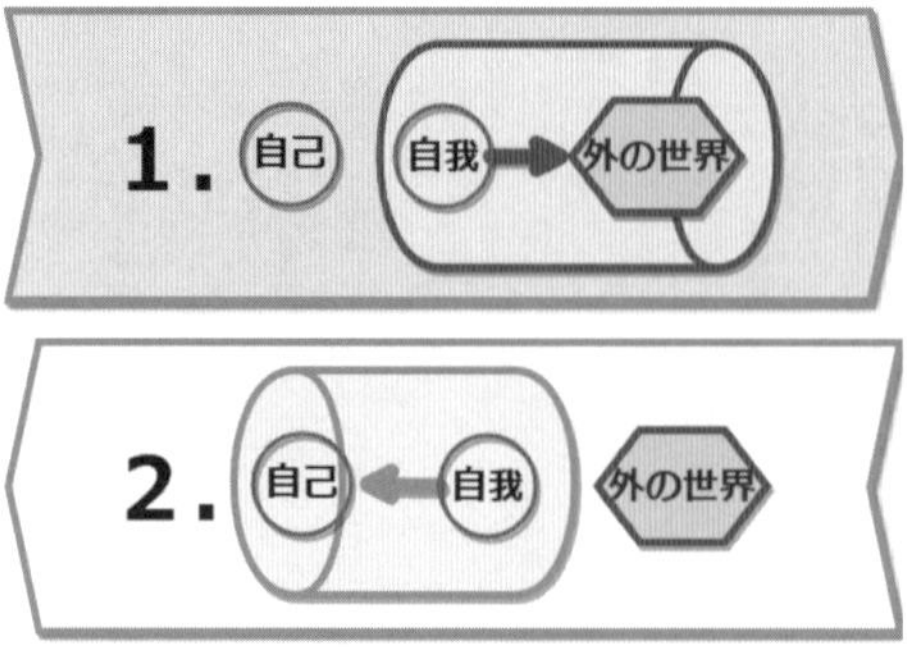

図にするとこんな感じになるわ。
1. ●自己（自我○↓外の世界×）
2. （●自己↑自我○）外の世界×
この（1.）はお釈迦さま達がおっしゃっていることとは逆。

外の世界を見ちゃっていることを示してる。誰かの牛を欲しがってるやつ。三匹の小悪魔たちの作戦にまんまとはまってるやつだ。

で、（2.）はおさまってるやつ。自分の内部を見つめることを示している。なんつーか、人として間違ってない。俺たちは気持ちをこっちに持っていかんといかんのだわ。儒教で言うと「修身」、身を修《おさ》めること。これが儒教の始まりにして究極だ。

これが10勝で詳しく言わせてもらうけん、幕末の志士たちを突き動かした儒教の究極!!
1. ●自己（自我○↓外の世界×）
2. （●自己↑自我○）外の世界×
この2. の方な。

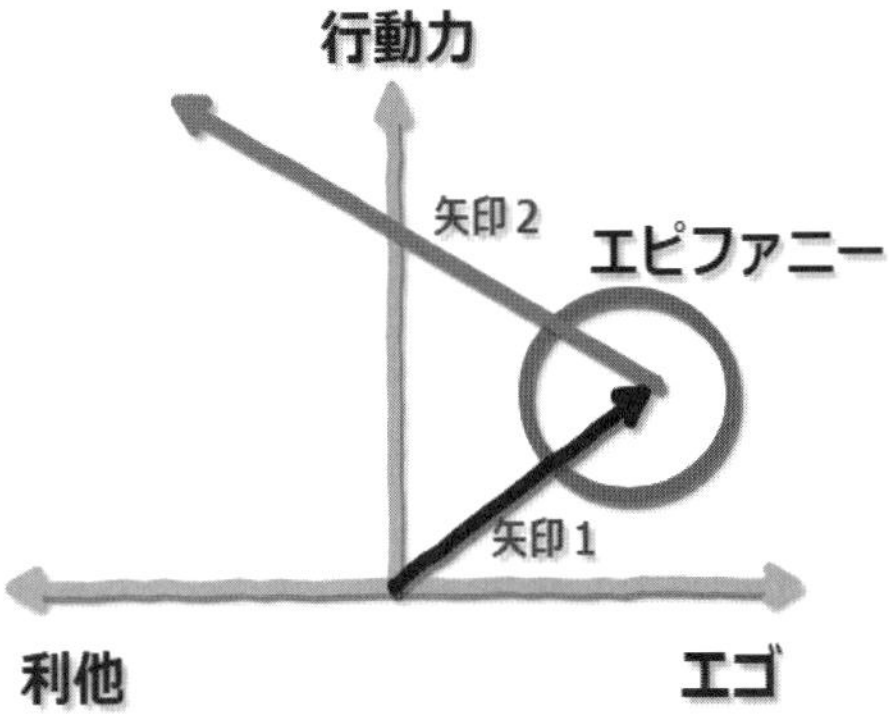

で、「それって一体何？」って聞かれそうだけん、それはこの図で説明させてくれ。

1. ●自己（自我○↓外の世界×）
この時は上の図の矢印1. の運命をたどることになるわけだ。やることなすことうまく行かん。悪いことに悪いことが重なっちゃうエゴ丸出しの奴がたどる道がこれだわ。

2. （●自己↑自我○）外の世界×
こっちは、矢印2. に行けるわけ。いいことにいいことが重なる。

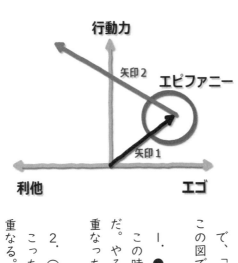

まあ、そりゃあ分かったよ。でもどうやったら（2.）の方に行けるんだろな？

やたらたびたび登場してもらうけど、またアドラー先生に助けてもらうでな。だけん、例によって先生の話、糞むずいからな！

「劣等コンプレックスに襲われると、『自分は負けたのだ』という感情を避けようとすることだけに支配され、問題それ自体を棚上げしてしまう。その結果、成功に向けた行動を起こすことが出来なくなってしまうのだ[※7]」。


どういう意味だ、これ!!

「負けたのだ」という感情を避けようとするから、問題を解決できない。そういうことらしい。

どういうことか？　つまりだ。負けられないから解決できない。

だから逆に言えば、負けられれば解決できるわけだ。

どういう意味だ？

人と比べてばっかりいると、羨ましくなったり、頭に来たりしちゃう。こいつが劣等コンプレックスだ。アドラーは劣等コンプレックスを「問題を解けない状態」って定義してる。

そんくらいヤバいんだ。だからしっかり負けろ。頭を下げて教えを請え。自らを省みるんだ。

だもんで負けると、
2．（●自己↑自我〇）外の世界×
こっちの世界に行けるわけだ。E．フロムの『愛するということ』とC．G．ユングの『ヨブへの答え』でも話させてもらったけん、宿命とか咎とか、そんなもんの力を借りないと、つまり、しっかりと屈服しないと人を愛することが出来ないんだったよな。

「愛することが出来ない」なんつーと大げさだけん、言ってみりゃ、そうじゃなきゃ話すら出来ないってことだ。他者と。


「は？　そんなことあるわけないら？」

そう遠州弁で思うかもしれん。だけん、ちょっと世界を見渡してみてくれよ。トランプさんは会話してないら？（訳：会話してないよね？）エゴを押し付けてるだけだ。

劣等・優越コンプレックスを持ってるやつはそうなっちゃう。負けられてない。

トランプさん批判したけんが、俺だってお父さんお母さんとしっかり話出来るようになったのって、この研究が形になってからだわ。それまでは喧嘩ばっかりだった。お父さんは2017年の12月に亡くなったけどな。


それはともかく、考えてみてくれ。オメェが親御さんや親御さん代わりの方としっかり話が出来てるかどうかって。これ、超難しいよな。

逆に言やぁ、まあ、親御さんらがオメェらとちゃんと話してるのかって事にもなるけんな。

正直言って、親子で話するのって激烈に無理だら？

どのくらい難しいかって言やぁ、もう伝説級に難しいんだわ。


これ、「親孝行がめっちゃ重要。何より重要。信じられんほど重要！」だって説いた孔子ですら超大変だったんだぜ。[※8] 孔子の哲学って実は、「親御さんとどうやってちゃんと話すか」、ってことから始まってるくらいなんだわ。

コミュニケーションって究極のところ、親子の対話にあるのよ。

え？　そんなことない？

「孔子って、親と話せない奴だっただか？」

「そんなんじゃ孔子セコくない？」って？

甘いわ～。これが出来ると実は、世界の帝王になれる。

あ！さっきも言ったっけな、これ。

E．フロムが言った話を思い出してほしい。
「第5勝　3節3　絶望の力を借りろ、その時、愛を取り戻すことが出来る。～E．フロム『愛するということ』より～」

ここで出た話だ。一言でまとめればこんな内容の話だった。

鋼の制約を自らに課せ。それが、お前が羽ばたくための足場になるから。

ちょいここで質問だけど、この「制約」って何だか分かるかいな？「制約、足かせを自分にかけろ」って言われても、俺が中学生だったら完璧意味不明だったと思うわ。だもんで悪いけどテストさせてもらうぜ。
早速だけん答えは何か。言うぜ。
「他人に頭を下げるということ」
だもんで時々、うちの塾に来て「絶対勉強なんかするか、バカ！」みたいな感じの生徒がいる。そいつをどうするか？
俺が頭を下げるわけだ。しっかりそいつから学ばせてもらうって雰囲気を作って、そいつの話に耳を傾けないといかん。そりゃ、驚くほど生徒を怒ることだってあるけどな。

生徒：「てめえの軍門なんかに下るか！　バカ！」

俺‥「よし、俺がお前の軍門に下ろう」

基本はでもこんな感じだ。

モチ、たまに烈火のごとく怒るわけだが…

確かにほとんどの教育学者の方は「怒るなよ！」って声を荒げてる。素晴らしい学者さんが多くて説得力もある。だけん、俺はそんなことできるのは釈迦とか孔子だけだと思う。

この、「怒らんといかん」って理由は、また言わせてもらうな。

【コラム】レクイエム

少し前、コラム【僕の失敗】を読んでもらいましたが、それを書いた次の日の文章を見ていただきたいと思います。先の「敗北と制約」の実例を見てほしいからです。

以下です。とあるネットの秘密グループに投稿したものです。

〜〜〜〜〜〜〜〜〜〜〜〜〜〜〜〜〜〜〜〜〜〜〜〜〜〜〜〜

Kが一昨日塾を辞めましたが、あいつは結構不思議なことを言うやつで「僕がいなくなったら、方広寺にいるから探しに来てね」と言ったことがありました。奥山方広寺は浜松の奥地、引佐町にある名刹で、山岡鉄舟が西郷隆盛と江戸城無血開城の面談を成功させたあと、お礼に立ち寄った場所です。

500羅漢像といって、沢山の羅漢像があるのですが、その中に自分とそっくりの顔をした像が必ずあると言われています。僕はその中にKがいるのかもしれないと思ってずっと探しました。

方広寺までは車で2時間弱です。
なんとなく一番最初の写真がそうだと思っています。2枚目が僕です。ですがなんだか分からないですし、こう言ってはなんですが、半僧坊という方広寺の守り神がKなんだと思っています。

方広寺では色々な声を聴きました。Kだけでなく、Sという女の子も辞めてしまいそうなのですが、それはなぜなのか。これまで辞めていった生徒たちも、なぜ辞めなければいけなかったのか。

声に耳を傾けるために伺いました。

方広寺の守り神、半僧坊さまと相談させていただいて、全くルールがなかったうちの塾ですが、一つだけルールを設けようかと思っています。それは「お父さん、お母さんの言うことをしっかりと聞くこと」です。

なぜこんなルールを設けたのかといえば、昨日書いたこんな走り書きにあります。

有無を言わさず、人の話は聞かないといけない。優れた人の話だけ聞いて、劣ったと決めつけた人の話を聞かないなんておかしい。

だってそれなら、人を馬鹿にしていいってことになる。それにそれなら誰も子供の話なんて聞こうとしなくなるはずだ。例えそれが価値あるものだとしても。

話を聞かないいんだからどんな価値があるものでも、その価値を理解できなくなっちゃう。

有無を言わさず人の話を聞く。そんな力は、お父さんお母さんの話を聞くことで養うことができる。

親御さんって、ある種の宿命だから。宿命を受け入れなければ立命（志）は立てられない。逃れられない宿命の声に耳を傾けられた時、無いものねだりでない、自分が持っているものに目が向く。

アノミー（行き過ぎた自由、混沌）を脱して、もちまえを活かせるようになる。重荷の価値こそが志。重荷の価値こそが自由すら超越した自由。

人の話を聞くことが学問の根本だから。人と対面した時、価値がありそうだとか無さそうだとかの判断はしないでくれ。まっさらな気持ちになって。

有無を言わさずのしかかる宿命を受け入れること、「孝行」。だから孝行さえあれば誰の話でも聞ける。だから親御さんの言うことを聞いてくれ。

Buddha（ブッダ）とはサンスクリット語で、「認識する」が原義だ。[※9]

孔子や孟子の理想中の理想、舜帝は教えさとすことじゃなく問いかけを好んだ。[※10]

問え、そして認識しろ。

失ったものにすら問いかければいい。全ての声を認識してやる。

辞めていった生徒らは、僕と親御さんとの意見がぶつかってしまった方だけです。きっとその辺りから双方に不安が出てしまったんだと思います。親御さんの声を聞くことが出来れば大丈夫だったんだと思っています。

ハイデガーは声を解釈することこそが、自己を見つける道だと言った。[※11] だけど私にはそんな生易しいものじゃなかった。解釈なんて程度じゃなかった。

お告げ・啓示。そのレベルのものがあってやっと、何かが分かる。解釈というより天啓という言葉こそが似つかわしい。そう思う。

追記：

その後、Kは復帰してくれることになりましたが、Sは退塾していきました。

第7勝

は？　いい人になれ？
そんなん死んだほうがましだわ！

で、ここまでひたすら「いい人になれ、いい人になれ」って話をさせてもらってきた。
だけど、
「これって実際どうなのよ？」「ホントのとこ、いい人なんて損だぜ？」
って思うはずだよな。そんなとこ見てこうぜ。

〈第7勝　1節〉
お坊さんの衝撃

さっきちょっと紹介させてもらった、俺が瞑想指導してもらってるタイのタンマガーイ寺院さま。そこから日本にいらしてる僧侶にソムキャット師の他に「ティッサロー師」という、これまた徳の高いお坊様がいらっしゃる。

ちなみにティッサロー師には浜松で直接お会いして指導していただいてるぜ[※1]。つってもまだ5回くらいしかお会いさせてもらってないけどな。

で、そのティッサロー師が衝撃的なことをおっしゃったんだわ。

「仏教国のタイでは、お母さんのために短期出家をすることと、国のために軍隊に入ることが何よりも栄誉なこととされてます。でも、ほとんどの人は出家するくらいなら軍隊に行ったほうがましって思ってます…（苦笑）」

これって凄いぜ！　だって、出家しても死ぬことはない。軍隊入ったら死ぬかもしれん。なのに軍隊の方がましだって言うんだからな。

はっきり言っちゃいえば、仏教国・微笑みの国タイの人ですら「いい人になる？　は？　そんなん死んだほうがましだろ！」ってマジで思ってるんだもんな。世界やばいよヤバイよ。

いい奴らの王国、タイですらヤバい。じゃあ日本、もっとやばいだろ。ただよ、ヤバいっつってもイイ人になるのが嫌なのって、なんか原因があるはずだわ。

とにかく何が無理なんだろな？

う～ん、お釈迦さまとかイエスさまとか〝完璧に清潔な人〟になるのが無理なのかもな。

「左の頬を殴られたら、右の頬を差し出せ（マタイ5勝39節）」※2

無理だわ…。

俺なら左の頬を殴られたら2chかtwitterで悪口言いまくる。元引きこもりなめんな。

まあそれはあれだとして、実際どうかっていうと、こんな面白いことをいう人がいた。

浜松にいる炎《ほのう》先生っていう画家の方。たまたま展覧会に伺った時に、こんなことをおっしゃってたんだ。

炎先生：「僕みたいな〝欠点がない絵〟なんて面白くないんだ。欠点もないし、魅力もない。欠点だらけなのに死ぬほど魅力的な奴っているじゃん。そういう奴のが世界創ってけるだよ」「それって、寅さんみたいな人だろな」って俺は思った。

〝カッコ悪さで魅せられる奴〟。

そんな奴だわ。ホントにカッコいいの。

さっきコラムに出演してもらったMさんなんかもそうだ。大先輩Nさんに「ぐいぐい欠点出してけよ。出していいから」って言ってもらった。

で、自分の野生を表現してったら調子が出て、原始のエネルギーみたいなのを手中に収めたわけ。

俺の生徒Aに野球を教えてくれてる超凄い指導者がいる。Nさんって方だ。その息子Hが〝野生の力〟のいい例になってくれたんだわ。逆に、凄い才能あるのに割と引っ込み思案な俺の生徒Aに、Hがこう言ったんだわ。塾でAから聞かせてもらった。

【コラム】野生のH

H：「Aさん、なんで監督にガンガン言わないだよ?」

「『俺、ピッチャーやりたいんです』とか、『思い切り振っていきたい』とか、ガンガン言えばいいじゃん」

A：「え〜！　だって言って失敗したらヤバいし、落ち込みまくるだろ？　もっと言えば、使われなくなっちゃったらどうするだよ？」

H：「は〜？」「俺なんてこの前、監督からバントのサイン出ただけん」

A：「おう」

H：「完璧無視してフルスイングした」

A：「言われただろ？」

H：「おう、一球目の後、監督すごいジェスチャーでサイン出してきた。だけんすげぇチャンスだったもんで、レフリーにタイム取って監督に言いに行った」

A：「は？　試合中にか？」

H：「当たり前だろ？」「で、フルスイングしてイイって言ってくれた」

A：「いい監督だよな」「で、どうなっただよ？」

H：「三振」

A：「ほらみろ」

「でもお前、今季そんな打ってるだか？」
「自信あるから言ったってことだろ？　すげぇな！」
H：「3か月間、一回も打ててない」
A：「は？」
H：「だけん、どんなにダメだって全く気にならんぜ！　俺。ガンガン攻めてくで‼」
A：「う、うん」
〜〜〜〜〜〜〜〜〜〜〜〜〜〜〜
Aと俺：「ウゥゥぉぉお〜！！！！！！」
「なにこいつ！　マジかっけ〜！！」
これが野生だわ。

〈第7勝　2節〉

顔・かお・腹

実際、人間の顔だってガンガン野性的になる。僭越だが俺の顔写真の変遷を見てくれ。超絶美形じゃあないで、すまんがな。

次頁の写真①が29歳。立命館大学大学院を中退する寸前。エリートサラリーマンっぽいけど、

写真①

写真②（性格悪かった。顔に出てる）

写真③

実はどこにも就職できんかったんだわ。超絶に性格悪かったもんで。くそ！

それから、なんとかどっかの会社に就職させてもらったけど、社会の厳しさを思い知らされた顔。（写真②）

これ履歴書に貼る写真だもんで、思いっきり気合を入れてこの顔だもんな。

死ぬほどやられてる。やべぇ。絶対就職できねぇ顔だわ。我ながら！性格悪かった。顔に出てるわ（笑）くそっｗ

そっから引きこもりを経て大河内に誘われて静岡県立大学大学院に入学。研究の場に復帰できて調子が出てきた顔が写真③。当時体重86．8キロ。しばらく前に病んで食いまくって激太りした（汗）

性格よくなったぜ。この時はもう性格よくなってた！マジで。極道の格好してるけどな。清水の次郎長親分のアジトだわ、ここ。

そっから起業する直前にパンフレット用の写真を辻村先生の奥さんの有紀さんに撮ってもらった。流石はプロカメラマン!!　詐欺っぽいほど良い顔に撮っていただいた。

ちなみに当時体重51．6キロ。元86．6キロから51．6キロだもん

写真④（有紀さん撮影）

写真⑤（生徒K撮影）
（見るに耐えん！）

写真⑥
（Eさん主催の瞑想会に参加させていただいたときの写真）

で35キロダイエットに成功した（笑）（写真④）
マジな話、「ダイエットで起業しろ」って言われたわ。
性格は超やさしかった。
この時「生徒さんを怒る先生になんて絶対ならないですよ！」って言ってた。バカが！
そこからあいつら（学習塾omiiko伝説の1期生）に鍛えられて、一気に野性に目覚める。（写真⑤）
危なそうに見えるじゃん？　でも超絶いい奴。（自分で言うけど）
んで、リバウンドした。（写真⑥）
腹がやべぇ。これが今（2018年9月24日）。絶対ダイエットしてやるわ！　怖くて体重計に乗れんためキロ数不明。多分78キロくらい？
瞑想って腹じゃねぇ！
ps：このあと先輩のNさんに体重計らされた。再び80キロオーバーだったっけ。あ、体重じゃなくって、性格も顔も変わるって話だでな。マジだら？

第8勝

昭和のヒーローは言ってた「勝利はいつもむなしい！」ってな

〈第8勝　1節〉

リアルもしドラ!!

さっき『もしドラ』の作者、岩崎先生のこと書いたけど、うちの生徒で「リアルもしドラ」みたいなことしてる奴がいる。彼は野球選手として将来を嘱望されてるすごい奴。

さっきのNさんのほか、PL学園の元監督とか、プロ野球選手を輩出したB高校の元監督も、どの方も「メンタルさえ大丈夫ならプロになれる」って太鼓判を押してくれてる。

Aは中学のとき、不登校だった。しかも3年間で数日しか学校いけなかったリアルガチ不登校生。テストの点は俺の塾に来てめっちゃ伸びたけど（さりげなく宣伝。高校じゃ学年12位だぜ！）、不登校枠がある高校にしか行けなかった。

その高校には超熱血監督がいた。その監督目当てで入学しただけど、Aが入学した瞬間、監督、転任されちゃった（ちっきしょ～!!）。後任はめっちゃ放任主義の監督。

そんでどうなったかって言うと、夏の甲子園予選、どえらい酷いチームになっちゃってたんだわ。きつい先生が抜けたもんで、3年生はからきしやる気なし。

部活せずにずっと『荒野行動（ネットゲーム）』してた。

でもなぜか奴らは1回戦、勝つ気満々だった。結果は言わずもがなコールド負けだ。だもんで、口の悪い2年生がこう言った。

「見ろ！　これが野球部と荒野行動部の差だ!!」

だけん、偉そうにのたまってくれた当のそいつも、荒野行動しかやらん荒野行動部だったんだわ。だもんでマジ泣けるだわ。バカ！　プロ目指してんだぞ、Aなんて！

そんで代が変わって、監督の指導もちょいちょい変わってきた。例えばサッカーみたいな2年生が喜びそうな練習を入れて、運動させるようにしたんだ。

先輩らはそこそこサッカーにハマり出した。だんだん野球部も、荒野行動部からサッカー部らしくなってきた。それもやべぇけんがな。

でもAはそんなぬるさに怒り心頭なわけだ。どだい気持ちが違うのはしょうがないわな。んで、Aのお母さんもまたヤバくて、父母会まとめあげて「この体たらくどうするんじゃ！」って劇ムチを入れた。

部員のお父さんお母さんたちが広い部室に集まって話し合った。部員みんなの父母だから、結構多い。20人くらいいた。で、なぜか俺もその場にいた。

「A君の塾の先生です」って訳のわからん身分で入ってってたわけよ。そして恐るべきことだが、しまいには俺が仕切り出してたんだわ。ホントすみません！

それは置いといて、そこでお父さんお母さんたちに話を聞いてみたんだ。

なぁ！　ここポイントよ!!

……何気ない感じで「聞いてみた」って言っちゃったけど、これがまた普通出来ないいだぜ。

実はマジ中のマジな話、「人の話を聞ける人」って世の中にほとんどいないんだわ。

その逆の人はそこそこいる。「自分の意見を言える人」だ。そういう人がしっかりした人だって普通は言われるわけだよな。


この高校の父兄たちにも何人かアクティブな方がいらっしゃって、議論をリードしてた。でも話せば話すほど、なんだかギクシャクしちゃってた。自分の話しかせずに、大人しい方を置いてきぼりにしてたんだわ。

だもんで、意見が空回りしちゃってて、どだいまとまるわけんなかった。


親御さんたちを批判してるんじゃないでな。地球上のほぼ全員、誰もがそうだっていう例を挙げさせてもらってるだけだぜ。そのくらいマジで、人の話って誰一人として聞ける人がいないんだわ。

だから俺がしゃしゃり出たわけだ。地球人代表として。

そこで、話を聞いたんだ。隅の方で下を向いている方に話を振ってみたり、視線を全ての人に投げかけて一部の人だけの議論になるのを避けたり、全員に「野球部がどうなって欲しいのか、どんな意見でもいいから出して下さい！」って〝質問〟したんだわ。

場数をこなしてるから、俺は特に立ち回りが上手い。「自分で言うな！」ってのは分かってるぜ（笑）。だけん、そういう風に丁寧に〝話を聞いた〟からこそ、まとまったんだ。

話を聴かなきゃ絶対まとまらない。絶対そうだ。

で、そこで出た話って、意外にもこんなことだった。

「うちの高校は甲子園に行けるような学校じゃない。だから多くは望まない。だけど、しっかりした挨拶とか、備品を丁寧に扱うとか、そういうことはちゃんとやって欲しい。卒業後、『さすが野球部』って言ってもらえるように。それ以上は何も望まないです」

「そうそう、今日対戦した高校の生徒、本当にそんな挨拶ができる生徒だった。本当に憧れる。ああいう風になって欲しい」

「それさえ出来れば、あとは何も望みません！」

「そのためなら何でもします。協力も惜しみません」

全員が全員ってわけにはいかないけどよ、本当にそう話してくれたんだわ。

このこと、実は俺もよく分かるんだわ。

俺は生徒とふらふら散歩することがあるけど、顔見知りの方に出会ったら必ず生徒たちにも挨拶してもらう。多感な中学生だから気恥ずかしそうにして、なかなか自分からは挨拶できない。だけど、そこは促して挨拶してもらうんだ。

そうするとご近所の方の見る目が変わる。で、気の流れも変わるというか、風通しがよくなるというか、爽快な感じになるんだわ。

ご近所関係が爽快になるのよ。嫌々挨拶した生徒らですら、挨拶するといい顔してる。

だもんで「挨拶とか整理整頓とかをしっかりして欲しい」って言ってた父母さんたちの話、めっちゃよく分かったんだ。

そんで、父母会でまとまったことを次の授業でAに伝えさせてもらった。

そっからのAもすごかった。何回も1年生全員としっかり話し合う場所を作って、ついに話をまとめ上げた。

俺は思ったね。

「ホンマに半年前まで不登校だったんだろな？こいつ!?」って。

どうまとめ上げたか？

自分のクラスを使わせてもらえるように担任の先生と交渉して、1年生を集めた。当然「だるい」とか「なんでこんなのやるだぁ？」とか言う奴がいるわけ。教室は教室で、放課後もヤンキーが皆んなうるさく駄弁ってる。「話し合うもんで教室、空けてくれ！」って言ったら、ぶつぶつ文句を言う。だから蹴散らして退いてもらったらしい。プロになれるって言われるくらいだもんで、でかくて怖いんだわ。


しかし、こいつホンマに不登校だったんだろな!?

それからあいつは辛抱強くみんなの話を聞いた。それに親御さんの気持ちも伝えたのよ。「主将のお母さんが言ってたけど、キャプテン、何度も部活やめようって本気で悩んでたって。学校行けなくなりそうだったって」

「親御さんたちも自分らのことをサポートするって動き出してる」

話して聞く。そうしたんだわ。

聞いてたら1年のみんなも暖まってきて、そのうちガンガン話をし出してくれた。

そこからまとめたのがこれだ。ほかの1年生が打ってくれた。それをAのお母さんがLineで送ってくれたんだ。

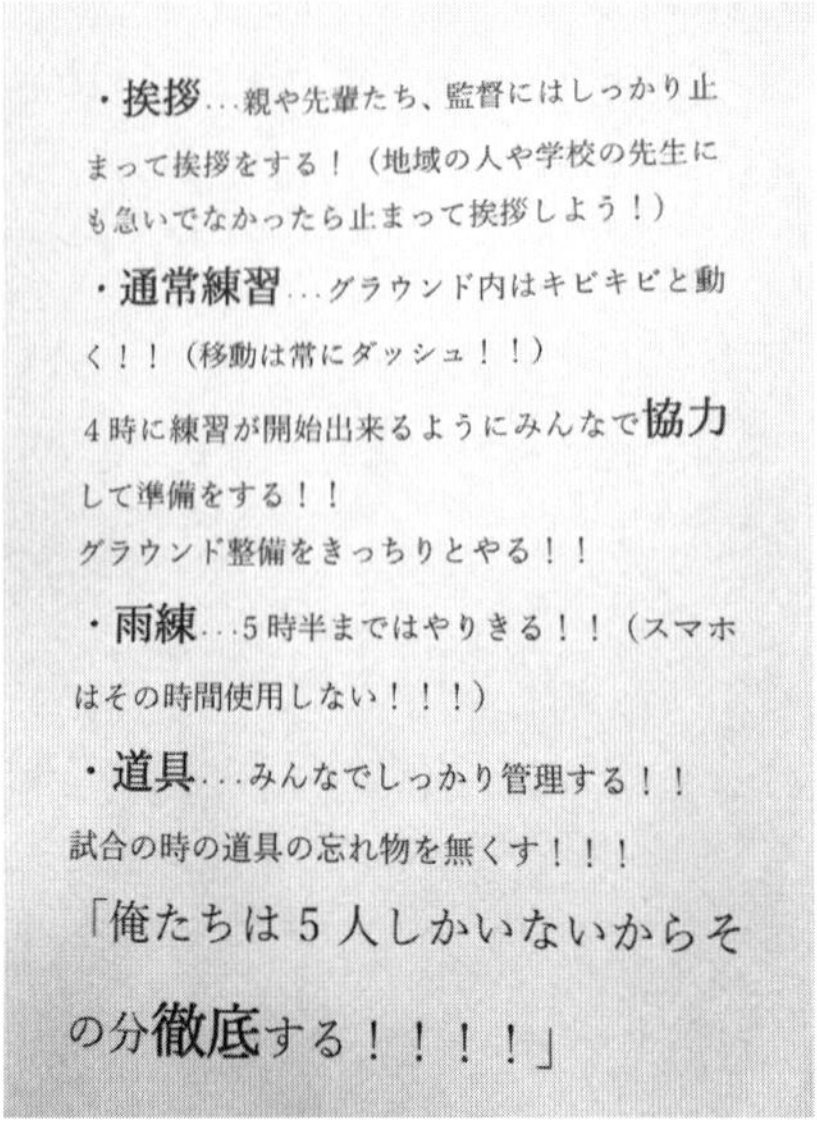
・**挨拶**…親や先輩たち、監督にはしっかり止まって挨拶をする！（地域の人や学校の先生にも急いでなかったら止まって挨拶しよう！）
・**通常練習**…グラウンド内はキビキビと動く！！（移動は常にダッシュ！！）
4時に練習が開始出来るようにみんなで**協力**して準備をする！！
グラウンド整備をきっちりとやる！！
・**雨練**…5時半まではやりきる！！（スマホはその時間使用しない！！！）
・**道具**…みんなでしっかり管理する！！
試合の時の道具の忘れ物を無くす！！！

「俺たちは５人しかいないからその分**徹底**する！！！！」


俺は感動した!!

最高だわ、最高だAよ！　男塾っぽいのもいいわ!!　そして野球部の方たちも最高だ。

ちなみにA、部活はもちろん、クラスでも勉強引っ張ってる。委員会や学祭実行委員でも目立ちまくり。ヒーローみたいになってる。

夏休みは遊びに誘われまくって彼女も出来た。半年前のリアルガチ不登校は今、どう見てもリア充だわ。Nコーチらのおかげです。

そして俺のおかげも無いことはないよ？？？

しかしホンマに不登校だったんかな？　コイツ。

〈第8勝　2節〉
「上から目線」って、そもそも何のことだよ？

俺も一応中学生たちと一緒にいるもんで分かるけん、君らが嫌がるトップ3にほぼ必ず入ってるのが「上から目線」ってやつじゃね？だけん、「上から目線って何だよ？」って言われて答えられる奴って、これまで誰もいなかったわけだ。そう、俺以外はな。

…すまん。上から目線だったわ。

しかしだ。こいつについては、マジで考えさせてもらおうと思う。

威張って言うが、俺は大学出てる（スマン）。まあ問題はそこじゃなくて、同じ大学出た後、出世して超絶エリートみたくなってる友達もいる。

で、逆に、昔の俺みたく引きこもりニートやってる友達もいるわけだ。


質問だけんな、どっちが上から目線で話してくると思う？　超絶エリートと引きこもりでだぜ。そりゃ超絶エリートだと思うら？　だけんそれ、違うだよ。正解は何かって言うと、

「性格悪い奴は全員上から目線」

なんだわ。だもんで、必ずしも立場が上っぽい奴が上から目線になるわけじゃない。


え？　クイズとして詐欺だろって？

まあ、確かに！

じゃあちょい考えてみてくれよ。

上から目線してくる奴ってどんな特徴があるんだろ？　って。

おう、

「横柄な奴」

「頭が固い奴」

「論理的な奴」

「勝気な奴」

「…………」

俺も今は性格死ぬほどいいけど、昔はあり得んほどの上から目線野郎だったのよ。マジで世界の全ての人間に勝利するつもりだったもんで。

すまねぇ、迷惑かけた。リアルガチでごめんなさいです。俺なんて人間失格です。

で、正直、勝つために学問を始めたわけだ。その結果どうなったかって言えば、世界の全ての人間に負けて引きこもりニートになちゃったのよ。

「へっｗｗｗざまぁ!!」

いやそれ俺のことだけんな。

いやいやもっと考えるぜ。

なんでダメんなっちゃったか?そんな向上心の塊みたいなやつが。

それは簡単。「あり得ん上から目線が死ぬほど嫌われたから」だわ。嫌われたら負けだ。「働いたら負け」って人いるじゃん。２chとかで有名になってる画像に「働いたら負け」って言ってる方の画像がある。

俺もニートん時は、死ぬほどその気持ちん分かったわ。あの方って多分だけん、まあまあ上から目線だもんで働いたら嫌われちゃうだと思うだよ。

だもんで働いたら負けだって思っちゃうのよ。世のニートってみんなそうだと思うぜ。

で、実は「上から目線の研究」ってのがあるんだわ。ちょっとそいつを見てみようぜ。

そこにはどんな奴が上から目線をしてくるのか、しっかり書いてあるのだよ。


結論から行くと、仲間意識持たなくって、他人に勝とう勝とうと思ってる奴が「上から目線」になるんだってよ[※1]。

これってさっき言ったアドラーの「差・優劣」の話と一緒だよな。他人より秀でようとする奴って病気になっちゃうってやつ。

なんでかって言ったら、仲間のこと考えずに、自分だけが凄いってことを証明しようとしちゃうもんで、ウザくて超嫌われるんだよな。

これが有名なアドラー博士の「全ての悩みは人間関係の悩みである」って話になるのよ[※2]。

孤立したら負け。『嫌われる勇気』にあったやつ。言いてえ！　こういうの。

〜閑話休題〜

ならよ、一体「差」ってなんだろな？　偉ければ「勝ち」。

逆に、へーこらしなきゃいけなかったら「負け」。

だったら、権力が「差」なのか？

黙らせたら勝ち。聞かされたら負け。力が差なのか？

支配したら勝ち。されたら負け。支配が差なのか？

要求したら勝ち。されたら負け。要求が差なのか？

「差」って何だろうな。で、どうやったら差から抜け出せるんだろな？それも大問題になってきた。

ちなみにこの問題にはあの大大大心理学者のアルフレッド・アドラーでさえ、明確な答えを出せてない。

でも考えてみようぜ。アドラー超えてやろうぜ！

嫌われたら負け（これは差）。好かれたら勝ち（これは差じゃない）。

誰かを仲間に出来たら勝ち（これは差じゃない）。出来なかったら負け（これは差）。

こう考えると、「差」の考えは全部他人をどうのこうの「支配」しようとしてるわ。だけん「仲間」のやつは全部自分をなんとかして修めようとしてる。儒教で言う修身。自分軸だわ。差の対義語は仲間だな。支配vs修身だ。

静岡県に久能山東照宮っていう神社さまがある。徳川家康公の最初のお墓だったとこなんだ。知っての通り家康公のお墓はその後、栃木県の日光東照宮に移されたけど、最初のお墓は隠居してた静岡にあったんだ。

そんで、このまえ東照宮さまに行っただけん、そこでひいたおみくじにこう書いてあった。

徳川家康公　遺訓
原文：「何事も我身に競《くら》べてなすときはひがむことなし」
「何事も自分の才能を標準にして考えれば他人の成功をうらやむことはない」
超訳：人のことはいいで、とにかく自分の課題が何かちゃんと捉えろよ。

人が英検○級とか数学○○点とか、そんなことはどうでもいいってことよ。中3でも分数分からんかったりしたら、小学3年に戻ってやりゃあいい。自分の課題だもんな。bookとかSundayとかの単語が分からんかったとしたら、そこから覚え始めりゃいいのよ。

全然暗記出来んかったり、理解力が低かったりしたら、自分のペースでやりゃあいい。

３００年続いた江戸、太平の世の礎は自分軸だったわけだ。自分の課題に取り組んでた。修身が出来てたのよ。

逆に上から目線のやつのそばって、俺らの居場所がないじゃん。勝とう勝とうとしてる奴のそばって、居心地が死ぬほど悪い。

だから家の中が「勝利至上主義」になってるとヤバいぜ。まじ居場所んなくなっちゃうもんな。常に「俺以外の奴、全員奴隷になれ！」ってお互いに言い合ってるってことだもんな。安らぐ暇んねぇわな。

> 勝利を欲する者のそばには居場所がない。常に奴隷であることを強いられるから。美しさとか心地よさとか面白さとか。そんな感情を殺そうとしてるところには居場所がない。
> 勝利至上主義者の隣には感情がない。

居場所をつくってあげるためには自分軸でなきゃいかんかったってことが分かった。

じゃあ更に行くぜ！

「自分軸ってなんだよ！」

第9勝

いよいよ革新に、確信に、いや核心に迫ってくぜ

〈第9勝　1節〉
暴走族上がりのカリスマ講師に教えてもらった。「自分の基準で生きろよ！」

俺は大学に入るのに3年浪人したけど、その時、代々木ゼミナールで勉強させてもらった。そこに古文の先生で、元暴走族だった吉野敬介先生って方がいた。

吉野先生が言ってたのが第9勝1節のタイトルの言葉だ。[※1] なんだかずっと覚えてるんだけど、別にこれから代ゼミのことを書くわけじゃない。単純にこの本の目次を見た人が「面白そうだ！」って思って、本買ってもらうためにつけたタイトルなんだわ。すまぬ。

で、本題は何かって言うと、静岡のプロサッカーチーム・藤枝MYFC（2019シーズンはJ3）の創業者小山淳さんの言った話しの方なんだわ。

今は京都や東京で活躍してる。落ち着いてるんだけど凄くカリスマチックなところがあって、話を聞いてると引き込まれる。話もでかい。

本気中の本気で「レアルマドリードを超えるサッカーの会社をつくる」って言ってはばからない。小さいころは日本サッカー協会の会長になろうと思ってたんだと！　言っとくけん、アホちゃうでな。だけど小山さんもやっぱ、スーパーハードな人生を送ってるわけ。

そう、こんな感じで。[※2]

〈エピファニーを得た起業家　ケースNo.5　レアルを超える！　カリスマ的反逆児　小山淳さん〉

意識の高さには驚かされる。1986年メキシコワールドカップ、マラドーナの活躍を見た少年は、父親にこう言った。「僕、日本サッカー協会の会長になる」

小学校4年生の時だ。夢見る子供の頃の覇気は今も健在。怪我をするまで世代別の代表に選ばれ続け、早稲田閥のサッカー協会でのし上がるために大学は早稲田。ゼロから立ち上げたクラブは5年でJのクラブへ。

売上720億円のレアルマドリードを超える、世界一のスポーツ企業を本気で目指す。あまりの真剣な語り口と躍進する実績ゆえ、「堅固な組織づくりを通じて協会長になるより大きな夢を実現する」という大見栄さえ射程圏内だと感じさせられ、聞き手たちは彼の抱く景色を共有したくなる。

藤枝MYFCは2009年に創設。グループ全体の売上推移は創業2009年期、800万円、利益は赤字。2013年期は3.5億。14年期は見込み5.2億、15年期は7億超を見込む。

スポンサー133社、株主353社（2014年9月現在）。オーナー会員が協力してプロクラブを運営するスポーツコミュニティーだ。大口スポンサーは作らない。あくまでも参加型コミュニティーをつくるためのクラブである。

小山淳は1976年生まれの37歳。静岡県藤枝市出身。3歳からサッカーを始め、高校は名門、藤枝東へ。近所には元日本代表が20人ほども住んでいるサッカーに恵まれた土地。家から5メートルの近さに藤枝東の練習場があり、子供時代、選手たちが相手をしてくれた。幼いころから優れたプレーヤーに囲まれたこの上ない環境で育った。

父親は静岡新聞社に勤務。寡黙な人だった。本ばかり読んでいて口論になったことなど一度もない。しかしその本が小山に与えた影響が良かった。

よく読んだ本は国作りの本。戦国時代の三英傑や三国志だ。会社を起こし、人をまとめる知恵の土台はそこから学んだ。父の影響を受け、現在も年間300冊以上の本を読む。

中学一年の時、世代別日本代表の副キャプテンとして世界大会で優勝を飾る。同期には中田英寿や宮本恒靖がいた。中田は当時、パワーはあるがテクニックのない選手。小山には逆にテクニックがあり、そうした自分たちの器についてよく中田と話しあった。

高校の一つ年上には山田暢久がいた。浦和レッズで大活躍する山田を見て、小山は「あいつに出来るのなら、自分にも出来るはず」と自信を深める。卒業時には3つのJクラブから誘いが来たが、父親がこれにストップをかける。「日本サッカー協会は早稲田閥だ。会長になるなら早稲田に行け」。高校で全国優勝をしていた小山はどこの大学にも行けると言われており、筑波と迷いはしたが早稲田に進むことにした。

順風満帆な人生だったが、大学一年の時に骨折をする。監督は厳しく、一度休むと一軍の人間でも六軍に落とすほどの人だ。怪我を押し、試合に出場したがそれが裏目に出る。手術をしたが失敗。その失敗は小山に告げられなかった。リハビリは長く二年間に及んだ。テレビでは中田英寿や山田暢久が大活躍をしている。悔しくてしょうがなかった。

リハビリ後も痛み止めを打ちサッカーに臨んだが、かつての自分はいない。メディアの人間は平気な顔で「小山君下手になったね」と言葉を投げる。人は冷酷だと思った。

そんな時、代表のドクターに手術を持ちかけられた。それは小山にサッカーを諦めさせ、自らに追悼の仕事をさせるための手術だ。患部を開き、何もせず閉じる。

そして、もう第一線で活躍することは無理だと告げられた。サッカーに全人生をかけてきた小山には、他に生きる術がない。病室には慟哭が響いた。

大学を卒業し就職する道もあろうと思うが、小山は中退し、どこかのクラブに入るつもりでいたため単位を取っていない。４年間で１２０単位が卒業の条件の所、それまでの3年間で取得した単位数はわずか12。

父親に相談し、卒業のために続けて4年間の猶予を言い渡されるが、翌日退学届けを出した。退学届けはあっけなく受理されたという。

その後、どうやってこれから生きていくのか考えることになる。サッカーで海外に出ていたため、世界が身近だった。各国を見て回ろうと思った。まず寸又峡でアルバイトをし、１２０万円貯める。その後、世界33ヶ国を放浪する。

ジャマイカでは強盗にあった。写真を撮ってみろと言われ撮ると、因縁をつけてくる。クレジットカード等大切なものは靴下の中に隠し、財布の中には１万円程度しか入れていない。強盗に財布を見せ、これがないと今日の宿代にも困ると交渉すると４０００円だけ奪っていった。しかし彼らにはこれ以外生きる手段がないのだと小山は考える。

バイトで貯めた１２０万円さえ、彼らにすれば手の届かない金額だ。日本で生まれた運の良さを噛みしめる。確かに夢破れはしたが、まだ持っているものがある。

ルーマニア、ブタレストでも突然夜盗に遭遇し頭を殴られる。その時には日本で生まれたこの運勢を一分一秒でも無駄にしたくないという思いが芽生えていた。そして25歳、起業。

小山の心に映った世界は、天からの贈り物を明瞭に描き出し、第二の人生へとバトンを渡す。世代別一流選手に選ばれ続けた魂が、放浪の末、新しい価値を生み出す情熱を生起させた。その志は躊躇なく小山を起業に走らせる。

始めたのはパソコンスクール。24歳の時に1年だけ社会経験をしている。その会社がパソコンスクールだった。それを自分の理想を追求した形で始めたくなった。

しかし当時の小山は、パソコンをよく知らなかったのだと自ら認める。東京の専門学校に通いながら業務をこなす。いい加減なものだが、良いことも沢山あった。

当時の顧客は会社の経営陣。会う前にはかなり勉強をし、理論武装していく。すると話が盛り上がり、そこから多くを学ぶことが出来た。

少し経ち、レッズの山田暢久のホームページを作成しようと思い立つ。浦和の関連会社の人々の目に留まり、仕事の話が舞い込んでくると見越してのことだ。

ただ、山田がホームページに興味がないことはわかっていた。そこで彼の父親をターゲットにする。熱く語り、父親から山田に話を持ち掛けてもらうという策略を練る。

計略は奏功する。作成費は無料だ。狙いは的中。東京の会社から引き合いが来る。静岡では100万円で高いと言われていた代価が、東京では300万円でも安いと言われる。静岡の会社を事業譲渡し、東京で勝負をかけることにする。浦和からのコネクションもあった。

一方、それまで数年、サッカーを見られずにいたのだが、代表で活躍する山田暢久を見ると思いが再燃する。浦和レッズを見てその凄さに感動もした。プロクラブが地域経済や人の心をつなぐアイデンティティやシンボルとなっている。

Jリーグのクラブが日本中の地域の支えになり得ると本気で考えるようになった。例えば、売上高2億円程度のJ3のクラブは、商圏人口30万人を抱く街ごとに一つ作ることが出来ることを藤枝MYFCは証明してきた。

今の日本であれば100ヶ所は作ることが出来ると小山は踏んでいる。

MYFCの、地域を活性化させる商売も魅力的だ。焼津の株式会社いちまる、というスポンサー企業が4000坪の土地にサッカー練習場を造った。これにも小山の狙いがある。

その土地は沿岸部に位置するが、3・11以降、沿岸部の土地は活用が難しくなっていた。固定資産税も大きく圧し掛かる。そこでいちまるの傘下、いちまるホーミングに建設会社の差別化のため、サッカーグラウンドを作らないかと持ち掛けた。

Jのクラブへの施工実績があれば、大きなブランディングとなる。さらに沢山貼り出す

ＭＹＦＣのポスターにその事例を載せたことから、通常事業であるリフォーム等の注文も増えていった。

大きくかかった施行料金も数年でペイする計算になるという。練習場の周りには選手やＭＹＦＣの社員たちが集まり、スポンサー企業の店「富士屋」でスポンサー企業「カネジュウ食品」の生産する味噌「禅」を購入する。

経済効果も決して少なくはない。地域のハブとしての歩みは着々と進んでいる。

キッズスポーツスクールも好調だ。創業４年で２６２０名の会員数（Ｊ１のスクールでも通常１０００人程度）。業界ナンバーワンの成長率を誇っている。選手のうち９人が社員だが、彼らにキッズスクールの先生になってもらっている。

すると一人当たり、人件費をはるかに超えた売り上げを持ってくることになるという。これは通常のスポーツクラブが選手の年俸にあえいでいるのとは対照的だ。

実はサッカー選手というのは一日数時間練習するのみで、かなり時間がある職業だ。その時間があるうちに、セカンドキャリアの形成を促している。

優秀な選手を社員にし、サッカーを引退してもＭＹＦＣの社員でいられる環境をつくった。これは、経営を安定させてクラブを強くするという会社の信条に則っている。これもクラブが強いことで経営が安定する通常のチームとは逆の方法だ。

近代スポーツは19世紀のイギリスで確立された。人材を遠方に派遣し、リーダーシップを取らせるための予行演習を目的としている。猛烈にスポーツに打ち込んだものであれば、それだけでリーダーの資質があると小山は語る。

サッカーで培われた指導力と戦略性、そしてたぎるような野心。それは今、小山のもとで花開こうとしている。スポーツの力を信じる意思、自らの不遇と折り合いをつかせたその物語。そして多くの人々からの支持を受け、地域の誇りを作り出す心の核として彼の志は昇華していく。

実はこの他にも重要なことを語ってくれた。幼いころに受けたコーチからのひどい仕打ち、そのトラウマが組織作りの原動力だということ。

そしてこれから紹介させていただく、自分の基準で生きるためのコアのお話も。それは古来からほぼ誰も解けなかった謎を解き明かすものだった。おそらく人類最高の謎なんだと思う。

その謎ってのは…！　…この続きにあるでね！

〈第9勝　2節〉史上最高の謎、《中庸》を丸裸にしてやる

中国の古い本に『中庸』って本がある。これって究極でありながら、その意味を解き明かした人って皆無に近いのよ。吉田松陰先生ですら無理だった。[※3]

その『中庸』の一節を紹介させてもらうわ。[※4]

『中庸』第2章より。

「頭がいい人は知恵にまかせて出過ぎたことをする。愚かな人はそもそもよくわかっていないので、うまく出来ない。どちらにしても人が歩む道としては間違っている。」

「は？　なにを言ってるだ？」

最初『中庸』を読んだとき、俺はそう思ったわけよ。だって、頭良くても怒られるし、頭悪くても怒られるってよ、変じゃん。

「結局、普通くらいでも怒られるんじゃね？」そう思ったね。

「儒教でも仏教でも究極だってされてる《中庸》とか《中道》って、単なる〝平凡〟のことなのか？」

「は〜？　そんなのつまらん過ぎるだろ」

そう思ったわけ。だもんで、この本、頭に入ってこなかったんだわ。

「平凡が最高？　俺、究極を目指すんですけど！」

そんな感じ。

だけん、例えば上の『中庸』の話はアドラーを読んでみて、平凡のことなんかじゃないって分かった。アドラーは全ての困難を「差」で説明してる。

…すまん。下手すぎだわ、この説明！

結構重要だもんで、さっき書いたけどもう一回言います。

重要なのでもう一回言います！


アドラー心理学の超重要概念に、「劣等コンプレックス」とか「優越コンプレックス」とかってものがある。

「人と比べて劣ってる」って思って思い詰めるのが「劣等コンプレックス」。「人より優れていないといけない」って思って、結局そうなれなかったりして思い詰めるのが「優越コンプレックス」なわけ。

劣ってるとか、優れてるとか考えること、つまり人との「差」ばっかり考えちゃうことが、精神の病気になる全ての原因だってアドラーは言ったんだった。※5

だから、上の『中庸』第2章は、「平凡でいろ！」って言ってるわけじゃなくて、「人との差を考えるな」って受け止めるべきだよな。「聡明とか愚かとか、優れてるとか劣ってるとか。そんなん考えてたら、人としての正しい道を歩めんぜ」、って言ってるわけだわ。

じゃあ、「人との差」とか「勝利」が重要じゃなきゃ、何が大切なんだ！　さっきの「自分軸」、さらにさらに掘り下げるぜ！

中庸はまだ明らかになってないでな。次節、さらに考えさせてもらうわ。

〈第9勝　3節〉
彼女に言ってみろ「あなたが私のレゾンデートルです」って！

2018年のある日、小山さん（藤枝MYFC）にインタビューを申し込むと、快諾してくれた。ただし京都か東京でないととても時間を確保できないってことだった。だから静岡から京都まで行ってきたぜ。

プロフィールにも書いたけど、俺は超貧乏。有り金全部合わせて1000円切ることもよくある。リアルで財布の中身、中学生とおんなじくらいだわ。

でも行ってきたぜ！　京都まで1500円。高ぇ！　根性だ。

だもんで本売れてほしいぜ。世界中の人と話したいでな！　あと、カネほしいでな！

それはともかくとして、俺は小山さんにこんな質問をした。

「そこまで大変すぎる仕事をして、大丈夫なんですか？」

「苦しくないんですか？」

だって小山さんの仕事は半端ないから。レアルを超えるって言ってるんだから、そりゃそうだけど、実は更にもっときついことがあった。

故郷の藤枝で一悶着あって、藤枝を捨てざるを得なかったんだ。はっきり言えば追い出された。考えられる？　自分の故郷をだぜ！　犯罪なんて当然犯してない。


イノベーターの宿命、やり過ぎたんだ。昔ながらのことを大切にする田舎と合わなかった。

これまで共にしてきた社員さんは全員、小山さんのところに来てくれたけど、いつも穏健な地元のメディアさんですら否定的な記事を出してたんだ。

小山さんのお父さんはそのメディアのお偉いさんなんだけど、それでも止められなかった。

そりゃあ本人はきつかったと思うぜ。

それでも絶対に諦めない。諦めるどころか、京都で更に激しさが加速してる感じすらあった。

だから聞いたわけ。

「そこまで仕事に人生を捧げてしまって大丈夫なんですか？」って。

そうしたらこう言ってくれた。

「言われるんですよ。『そんな大変な仕事して大丈夫ですか？　過労死するんじゃないですか？』って」

「そりゃ、やりたくないことをやらされてたとしたら、絶対に無理。過労死してると思います」

「だけど、そうじゃないです。本当にやりたいことをしてると、表面的には苦しそうに見えます。外からは表面の僕がよく見えるから、みんな『大丈夫ですか？大丈夫ですか？』って心配してくれる」

「でも内奥は嬉しいんですよ。どうしてもやらなきゃいけないことをやることができるんで」

「逆に、表面で、上っ面だけで楽しいことをしてると、内奥の芯のところが苦しくなりません？」

「確かに!!」

「ゲームばっかりやってる生徒に、『実際どうよ？』って聞くと、『ホントはそんな自分大嫌いだわ』って言うんです」


小山さん：「だから表面の自分と内奥の自分って、全然違うんじゃないかと思うんです」

ちなみにこの節のタイトルにある「レゾンデートル」って英語では「reason to be」になる。すなわち「存在意味」ってことだ。タイトルだけ見ると、俺がイケメン小山さんを好きみたいだけど、言っとくがそうじゃないからな。

で、中庸の本質はさらに先だぜ！

〈第9勝　4節〉
これが本当のお前だ

（なあ、ここから読み始めてくれた人！　ここから読むと意味不明だもんで、第9勝2節から読んでね！　すまぬ。でも短いですぐ読めます）

ここで第6勝3節で出て来た上の図を思いだしてほしい。

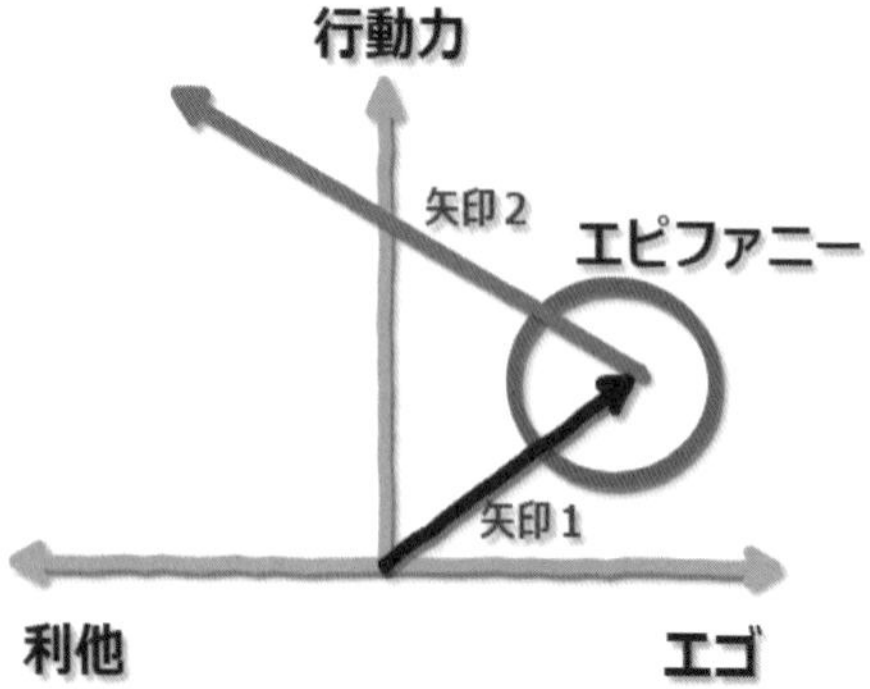

自己って自分の奥にあるものだった。自我は自己を探さなきゃいけないものだった。

それで更にもう一つ復習お願いします！

これ覚えてくれてっかな？

1．●自己（自我○↓外の世界×）

2．（●自己↑自我○）外の世界×

も一回書いちゃうけど、こういう意味だった。別に本の字数稼ぎじゃないぜ！

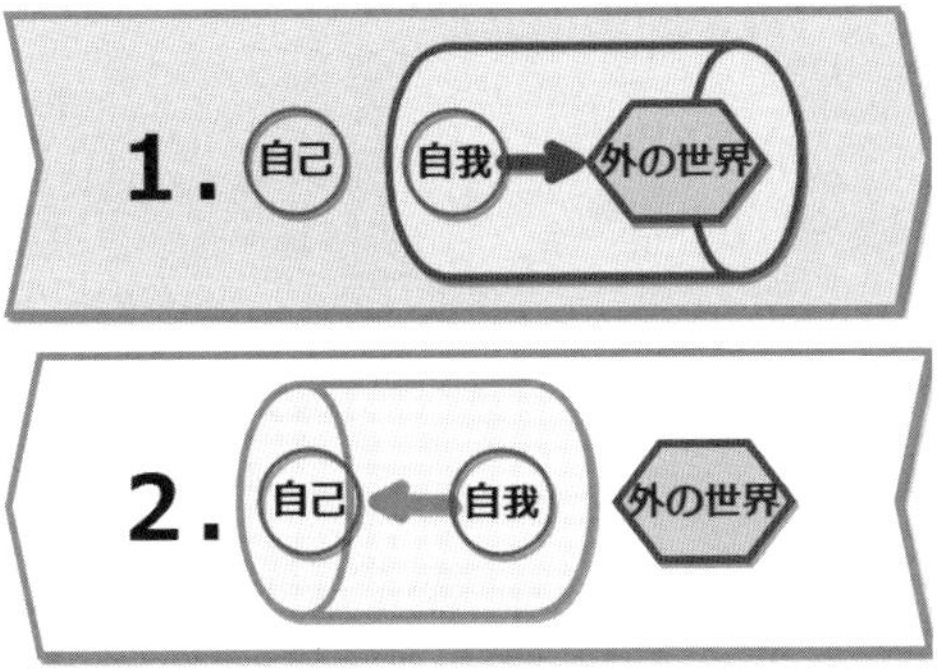

1. ●自己（自我○↓外の世界×）
この時は図の矢印1. の運命をたどることになるわけだ。やることなすことうまく行かん。悪いことに悪いことが重なっちゃう。エゴ丸出しの奴がたどる道がこれだわ。

2. （●自己↑自我○）外の世界×
こっちは、図の矢印2. に行けるわけ。いいことにいいことが重なる。

だもんで、
「自我」は表面の自分・エゴを司って、「自己」は内奥の自分・真の自分を司るわけだわ。

で、アドラーが目の敵にした「差」、つまり優越・劣性コンプレックスを司るもの、平たく言えば「勝利・支配」を司るのが「自我」なわけだ。

んで、これでやっと、さっき「史上最高の謎」って言ってたやつの謎が解けたわけだ!!

「勝利・支配・差」でないもの。…これ、「自己」だよな!!

やったぜ！

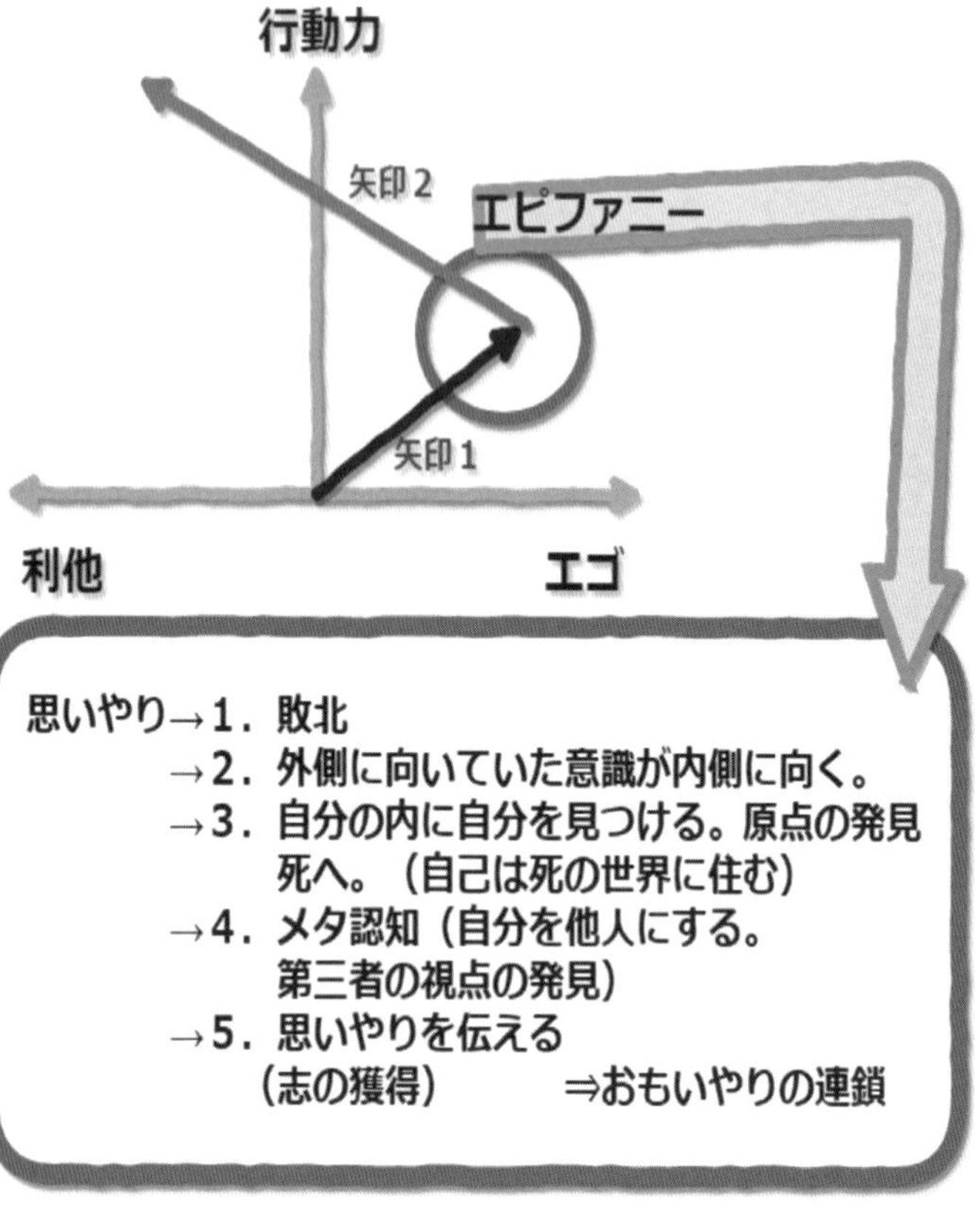
行動力
矢印２
エピファニー
矢印１
利他
エゴ
思いやり→１．敗北
→２．外側に向いていた意識が内側に向く。
→３．自分の内に自分を見つける。原点の発見
死へ。（自己は死の世界に住む）
→４．メタ認知（自分を他人にする。
第三者の視点の発見）
→５．思いやりを伝える
（志の獲得）　⇒おもいやりの連鎖

実はさらにこの先、本質に迫ってく。だけど基本はこいつなんだわ。

ここで**「エピファニーの起こし方」**をまとめさせてもらうぜ。

1. まずは人からの思いやりを受けて敗北出来なきゃいかんかった。
2. そうすると外の世界じゃなくって、自分の内側の世界に目を向けられるようになるわけだわ。犠牲の価値を見つけられる。
3. そんで自己を発見できる。自己の発見には「自我」「エゴ」の死が必要なわけよ。
4. そうすっと、メタ認知っつわれる俯瞰の目を獲得できるわけだわ。自分を他人にすると、自分を見つけられるってわけ。自分をまるで第三者みたく見れるようになる。ちなみにメタ認知って、国際学力テストPISAが「メタ認知とはすなわち社会性」だって提議してるくらい重要なもんだった。
5. そっから思いやりを誰か他の人に掛けるようになる。同時にここで、自分自身も志に目覚めるわけだわ。で、思いやりの連鎖が起こってく。

色々と書いたけん、重要なのは「負けられるかどうか」ってとこだ。こいつさえしっかり出来りゃ、1~5のステップを自動的に上がってくことが出来るのよ。で、自己を見つめられるとどういう風になるか? 次でちょい見てくれ。

第10勝

俺らが忘れかけてる維新の志!!

〈第10勝　1節〉
「いい起業家に共通してる心理的な特徴って、何かあるんですか?」

起業家心理の研究させてもらってるって公言してるもんで、こんな質問をしてもらうことんあるんだわ。「ねぇ松井。いい起業家に共通してる特徴って、何かあるだ?」って。中には質問してくれた直後に、「ごめんなさい、変な質問して」って言ってくれる人もいるけんが、これ、実は俺にとって「待ってました」なんだわ。

じゃあ起業家の方々に共通する特徴、ここでなんと特別大公開、発表しちゃうでな!

いい起業家がもっている心理的特徴、それは……!

儒教 だ!!

あの古代中国の孔子や孟子の儒教。

実は、いい起業家ってみんな儒教の影響を色濃く受けてるんだわ。しっかり儒教を習ってるわけじゃないだけんな。

例えば日本人っていつの間にか仏教に影響されてるじゃん。それみたいに、起業家らって知らないうちに儒教に影響を受けちゃってる。

つうか、儒教儒教って言ってるけん、儒教って何なんだろな? 儒教の教えのことだぜ、俺が今聞いてるのって。ほんで一言で言っちゃうけん、それって「修身」ってもんなんだわ。「修身？　身を修めること？　何それ？」だわな！俺も昔はそうだったんだわ。全然使わんくなった言葉だもんで、なんのこっちゃ知られてないのよ。だけん、修身の意味理解するのって結構簡単なんだわ。例えば藤枝ＭＹＦＣ小山淳さんとか静岡の大先輩Ｎさんの言葉にも色濃く出てる。具体例から説明させてもらうぜ。

小山さんはこんな風に語ってくれたぜ。

「使えない社員がいて困るってよく言われることがありますが、実際は社員を使いこなせない経営者がいるって思うようにしてます」

静岡のＮ先輩はこう言ってるわけ。

「過去と他人は変えられない。自分と未来は変えられる」

Ｎさんとか小山さんは経営者だもんで、そうやって自分自身を鍛えてるってことだに(だぜ)。これが修身なんだわ！他人に自分のイライラをぶつけたり、頭ごなしに言うことを聞かせようとするんじゃない。自分自身の中身をマネジメント（修めて）して会社をよくしようとしてるわけよ。すごいイイよな、これ。

儒教の経典のひとつに『大学』って本がある。『大学』には、修身は世界を平和にするって書いてあんだわ。どういうことか？

身を修めると家族が修まり、家族が修まると国が修まり、国が修まると天下が修まる。

自分を修められる人は人の見本になれるし、誰だってそいう人と一緒にいたいじゃん。だもんで家族や会社を良く出来るんだわ。究極にゃあ天下すらおさまるわけよ。

儒教ではもう教えてんだわ。これが『大学』の「修身斉家治国平天下《しゅうしんせいかちこくへいてんか》」って有名な一節なんだわ!!　大事だもんで、何回だって言うぜ。

それで実はさ、いい起業家らってみんな超真面目に世界平和を目指してんだぜ。公言する人もかなりいて、うっかりすると冗談かと思うこともある。

だって、新年の目標発表をした時なんかにこう言うんだぜ？

新年会で花屋さんを経営するT先輩が言ってた話。

「今年のうちのお店の目標は、ディスプレイを工夫すること、従業員教育、フラワーアレンジメント事業の拡大です」

それからしばらく間があって「そして世界平和を目指します」

結構唐突な感じで言ってくれるもんで、俺としては「は？　唐突過ぎるでしょ！」ってツッコミを入れそうになった。「嘘でしょ！」とも思うわけよ。そりゃそうじゃん。しっかりTさんのこと知ってなきゃ、ビビるぜ。突然そんなこと言われりゃぁ。

だけんさ。何回も会って、お酒も一緒に飲んで、しっかり話をして、深夜にしんみりして車で一緒に帰っている時も「世界平和目指すよ」って言ってくれる。だから本気だってわかる。

じゃあどうやって世界平和を実現するかって言えば、まずは『大学』にある通り、身を修めることから始まるわけよ。ちなみに孔子は「儒教の方法を使えば30年で世界を平和に出来る」って言ってる。[※1]

だもんでいい起業家に共通する特徴って、実は「儒教」なんだわ。

俺は本気で彼ら彼女らは世界を平和にするって思ってるぜ。

〈第10勝　2節〉

金儲けなんてイノベーションであるわけねえ！

金儲けなんて薄っぺらいもん、イノベーション（革新）なんかじゃねえよ！ホントのイノベーション、世界を正しくする学問。ここまでずっとそいつを追求してきたわな。

じゃあ特に日本に影響を与えた学問って何なのか見てくわ。

そいつがこれからの世界を直してくようになる。

さっき儒教について見たけど、儒教ってさらに朱子学とか陽明学とかっていう風に分かれてくんだわ。そんで明治維新の日本に一番影響を与えたのが陽明学って学問なんだわ。


昭和の文豪、三島由紀夫は陽明学を評してこんなことを言ってるぜ。

「本を読むだけで真理に到達出来るはずないだろ？　生きてること全部から学ぼうとしなきゃ本当の事にたどり着けるわけないわ[※2]」

これが陽明学の本質だ。辞書にもこんな風にある。

「実践を伴わなければ本当の知恵に到達することなんてありえない。

これが知行合一《ちぎょうごういつ》って呼ばれる陽明学の神髄だ！[※3]」


ちなみに陽明学を創始したのは王陽明って人。彼は同じ儒教の一派、「朱子学」の創始者、朱熹《しゅき》を批判してんだわ。王陽明とか朱熹って社会で出てきたら？　詳しくはやらんかもしれんけん。

んで、なんで批判したか？

朱熹は「知識があってこそ、実行できる」って言ってたもんでだ[※4]。逆に言やぁ、「本で勉強してからじゃなきゃ、行動なんてできるわけねぇ」ってことんなる。

これって王陽明の「実践重視」と逆じゃん。「知識偏重」なわけよ。で、知識偏重なこいつは先知後行《せんちこうこう》って呼ばれてる。知識があって始めて行動できるってことだわ。これだと頭でっかちになって、言うだけで何にもしない奴になりやすい。だから王陽明は朱熹を批判したわけよ。

なんとなく分かるじゃん。


実践の学問。こっちは知行合一の陽明学。「行動しながら知識を得て、知識を使って行動する」ってやつだ！ これの方が迫力がある。机上の空論じゃないもんな。そんで実は日本の陽明学と中国の陽明学とじゃあ、意識がちょい違うんだわ。

日本の陽明学って、本場中国の陽明学を独特の哲学へと昇華させてんだわ。[※5] これ、ちょい後でどう違うんかちゃんと言わせてもらうでな！

陽明学は実践の知。吉田松陰・西郷隆盛・佐久間象山ら維新の志士にどでかい力を与えてく。松陰先生たちは外の物事を見るんじゃなくって、「自己の心の内側のものを正す」ことを重視してた。あくまで、内に真理を求めたわけよ。

こいつがどの位すごかったか？

台湾の政治家で初代中華民国総帥だった蒋介石《しょうかいせき》がこう言うくらいだぜ。

「日本が明治維新から現在に至るまで、…強国たり続けているのは、欧米の科学に力を得ているからではなく、中国の哲学に力を得ているからである」

その中国の哲学っていうのが、王陽明の「知行合一」と「到良知（最高の知を得ること…後述するぜ！）」だったわけよ。※6

でも蒋介石はまだ甘い。日本に輸入されて、陽明学は日本の神道と一緒になってんだわ。そんで、純粋に精神を鼓舞する学問に昇華したわけだ。こいつが大事だったのよ。

中国の陽明学が、礼儀、つまり道徳をメインに教えていたのに対して、神道に影響された日本の陽明学は、純粋に志《こころざし》とか覚悟のみたいな、個人の内面世界を鼓舞することをメインに据えた。※7

超実践の知だ。そんでこれが「到良知（最高の知を得ること…後述するぜって言ったやつ！）」とどう繋がってんのか？

京都に「哲学の道」っていう素敵な小道がある。超すごい哲学者がそこを歩いて色々考えたもんで、そう呼ばれるようになった。その人の名前は西田幾多郎《きたろう》っていうのよ。西田幾多郎先生はその著書『善の研究』※8でさっきの哲学の本質、「到良知」（至上善、『絶対善』に達すること）

についてこう言ってる。[※9]

「『真の善』とはただ一つあるのみである、即ち真の自己を知るというに尽きている」[※10]

だもんで、「最高の知を得ること（到良知）って、自己を知る」ってことよ。

さっき、現代の優れた起業家達って「儒教」の流れを汲んでるって言わせてもらった。こいつをもっと正確に言うと、儒教って言っても、その中の「陽明学」が。さらに正確に言えば、「神道の流れを汲んだ日本の陽明学が、現代の日本の起業家に影響を与えた」ってことんなる。そう言えば完璧！

究極はやっぱり「自己を知る」ってことなんだわ。これは日本の強さの根本で、日本の原点だ。原点を持ってる奴は強い。どんなに失敗しても帰る場所があるから。おそらくこれこそが究極の動機付け。自己を知ることこそが、人を鼓舞する源泉なわけよ。

じゃあ、自己って何か？　それはもう第5勝4節4にあったんだ。間違いを愛することだ。

失敗や敗北、間違いこそが自分の課題。間違いこそが本当の自分自身だぜ。

〈第10勝　3節〉
全く違うぜ日経新聞！　こっちが起業家支援の正しい方向性だ!!

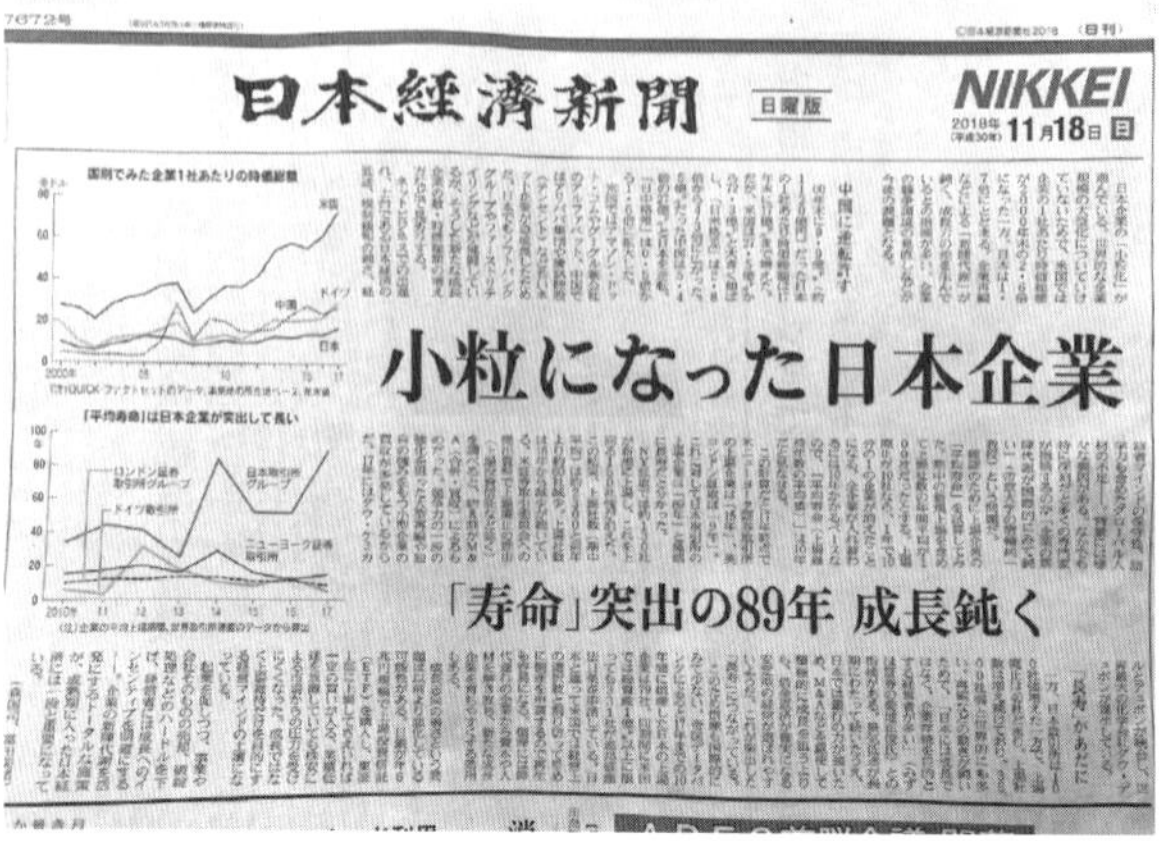
日本経済新聞
日曜版
NIKKEI
2018年（平成30年）11月18日 日
小粒になった日本企業
「寿命」突出の89年 成長鈍く
国別でみた企業1社あたりの時価総額
「平均寿命」は日本企業が突出して長い

11月18日（日）付の日本経済新聞トップの記事によ、こんな見出しん出たんだわ。

「小粒になった日本企業」

「寿命ばかり長く、新陳代謝が低い。世界的な企業規模の大型化についていけない」


そんで思うだよ。今の世界ってよ、C.G.ユングの話をもう一回思い起こさんといかんって。

ユングって、生態系の大分類「多産多死型」と「少産少死型」を人間の心理に応用したんだわ。


どういうことだ?

多産多死型って、昆虫とかネズミみたいな小動物。すげぇ沢山子供を産むやつら。こいつらって地球上にめっちゃはびこってんのよ。「宇宙人から見たら、地球って人間の惑星じゃなくって、昆虫の惑星だって思われるんじゃやねぇの？」って言われるくらいだ。だけんよ、こいつらってすぐ死ぬのよ。沢山生んですぐ死ぬもんで、多産多死型って呼ばれてるわけだわ。

で、この分類をよ、心理じゃなくって経済に置き換えてみるに。そしたら多産多死で地球上にスゲェ勢いではびこるのって、明らかにアメリカ型の会社じゃん。起業率めっちゃ高いし、googleとかamazon、facebookとかappleみたく地球上を支配してんじゃないかってくらい、はびこってる。地球上全部を空間支配されてるって感じだよな。グローバル企業だもんでしょうがねぇけん。

だもんでアメリカ型のグローバル企業の生存戦略って、生物学的に言やぁ多産多死型なのよ。すぐ死ぬけど子供の多さで世界にはびこってる。ちなみにユングは、「やたら外向的で子孫をたくさん残す奴らの事を、外向的な人間だ」ってタイプ分けしたのよ。コミュ力高いもんで、モテて、めっちゃ子孫残せる奴らだ。ちなみに内向とか外向とかっていう性格分類って、ユングが初めてやっただに！

だけんよ、生態系って多産多死型の生物だけじゃ成り立たんじゃん。少産少死型がいなきゃヤバい。生態系破滅しちまう。

で、少産少死型の生物のことだけん、それって例えば鷹とかライオンみたいなの。生態系のトップの生き物がそうだわな。そんでそれって、生まれる子供の数は少ないだけん、長く生きるわけだ。空間的な覇権じゃねぇ。歴史的な実権を握ってるのよ。

そんでさ、ユングはこっちを「内向型」って分類したんだわ。内向型の人間って、じっくり考えて色々なもんを歴史に残してくような人になる。哲学者、文学者、芸術家…、モチ起業家でもいるぜ。

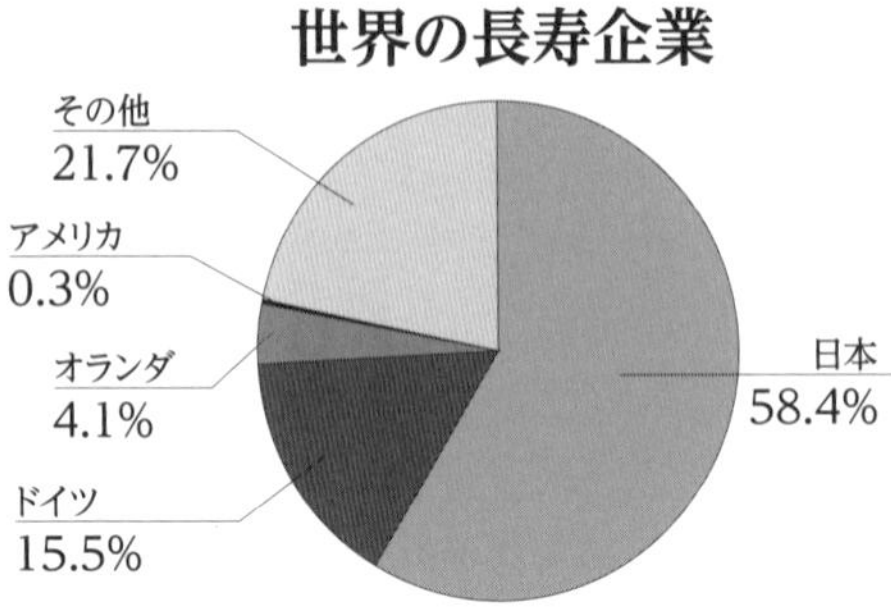

実はな、日本にゃ200年以上続いてる長寿企業が世界全体の6割もある。※1 だもんで生物学の分類使やぁ、日本って「少産少死型の経済」になるぜ。

先に言っとくけん、ユング先生は外向が優れてるとか内向が優れてるとか、そんな風なことは一切言ってないでな。ま、今の世の中、外向の方が得だって感じはするけんな。だけんよ、「鷹の方がネズミより強いじゃねぇか」って、内向をひいきすることだって出来る。どっちがすごいとかホントは言えないのよ。ユングにとっちゃ、そんなことどうでも良かった。それぞれの個性を活かすのが大切だもんでだわ。

生態系って、お互い補い合って成り立ってる。だもんで多産多死型も少産少死型も、お互い修正しあって生きてるわけよ。

じゃあよ！　アメリカの覇権型の会社ばっかり褒めて、日本みたいな歴史を創れる会社を評価しないのっておかしいら？

実はさ、この間、これ言ったら、ある大学教授に

「ちっさい会社にイノベーション（革新）なんて無いだろ？」

って煽られたのよ。

だもんでよ、

「え？　老舗にイノベーションが無いって考えてるんすか？」

ってカマしてやった。モチ、認めるしかねぇじゃん。

だけんがさ、なかなか言うもんだぜ。

「わしは最初っからそう言ってた！」

…だって（笑）

ウソつけ、言ってねぇじゃねぇか！って。どんだけ負けず嫌いなんだよ、教授！

今度は突っ込むでな（笑）

だけんよ、意外に皆、その教授みたく思っちゃってる。「大企業は価値もでかいけん、小っさい会社なんて大した価値ねぇわ」って。見る目ねぇよな。そりゃアマゾンみたいな「覇権型企業」を褒めるのだって悪くない。

だけんよ、それじゃぁ日本のお家芸みたいな「少産少死型の、歴史を創ってく企業」は評価に値しねぇだか？そんなはずないら？　マジ今の世の中って片手落ちんなっちゃってる。

言っとくけん、多産多死型企業も少産少死型企業も両方大切だぜ。だけどさ、片っぽのやり方しか評価してこんかったもんで、生態系っつうか、社会体系んヤバくなってるのよ。

俺ん手に入れた最新のデータじゃ、世界のジニ計数は、２００５年で0.68。ちなみにジニ計数ってっよ、「所得配分の不平等さを計る指標」でさ、「0.4を超えると暴動が多発する」っつわれてるんだぜ！

なんでこんな世界になっちまったか？

覇権ばっか追及しちゃったもんでだ。「パイの奪い合い」ばっかの社会。戦略とか戦争だけの経営だけじゃ世界は続かんのよ。

そうじゃねぇ。共存とか共鳴も軸にしんといかん。「そんな経済あるわけねぇだろ？」って言われるかもしれんけんがな、実はそれあるのよ。

静岡大学に舘岡康雄教授っつうスゲェ個性的な先生がいらっしゃる。舘岡先生は「長寿企業って、実は共存共栄型なんですよ」って教えてくれてる。[※1-2] だもんでよ、今、世界が求めてるのって、明らかに長寿企業、少産少死型の会社だら。歴史とか文化ってモラルで創られるのよ。今の日本の起業家って実は、「徳」とか「仁」とかが大スキなんだわ。

この前会った税理士さんに至っちゃ「共感性を重視してない起業家なんて、最近、会ったことない」って言ってたくらいだ。[※1-3] ちょい前に当たり前だった覇権型の企業って、今、もう取って代わられようとしてる。

その税理士さん、起業家支援もめっちゃされてるだに。そんで、そう言ってくれるのよ！

正直、今の社会って荒廃寸前だ。だもんでよ、世界にゃ「争い」じゃなくって、「協働・共鳴」を標榜する日本型の起業が必要んなってんのよ。

ミスリードは許されんぜ。今、世界が追求すべきなのって覇権じゃねぇ、歴史だ。頼むぜ世界のお偉いさん達！

いや、俺らがやるでいいわ。やっぱ!!　うはははは（笑）!!

あとがき

最後は俺が号泣して嘆願した話を。

２０１７年12月27日（水曜日）。「お父さん、もう朝を迎えられない」病院にいる母から切迫した電話をもらった。授業中だったが、生徒には全員帰宅してもらった。快く無理を受け入れてもらったことに、本当に感謝している。塾をその後数日間休止させてもらい、高速で２時間ほどのがんセンターへ車を飛ばす。親父はガリガリになって、かろうじて息だけしていた。

どうしても最高の土産を持たせてやりたかった。

『本、出版できるようになったよ』って言ってあげられりゃぁ…」。そんなことは夢のまた夢だった。どこかに書いたが、出版企画書を送付した１６００人の編集者はみな、振り向かなかったのだから。

しかし、一人だけ暖かい言葉を掛けてくれた人がいた。唯一、電話で企画を持ち込むよう指示があったごま書房新社だ。しかし、売り込みをかけるべきか迷う。

もし駄目なら、親父の死ぬ間際、俺自身が耐えられないほど落ち込んでしまう。一番元気な所を見せなければいけないのに。

親父は指先一つ動かせなくなっていたが、看護師はこう言ってくれた。

「動けなくなったとしても、患者さんは病室の全てを把握しています。ご家族が何も話さなくても。仲良くそこにいるのか、険悪なのか、空気だけで分かるんです。何ひとつ出来ないとしても、何ひとつ分からないことがないんです」

俺が落ち込んだら、親父にバレてしまう。そして出版不可が意味するのは、これまでの自分の全てが否定されるということ。最後は元気に別れたかった。無理な売り込みは負のリスクが高すぎる。

「出版依頼などという分不相応なことはやめた方がいい……」

でも、もしも、もしも出せたら、最高の冥途の土産を持たせてやれる。電話するかどうか迷いに迷った。

27日（水）13時、電話をかけた。

「社長は現在不在ですので、こちらからご連絡いたします」

電話で受付した方が丁寧に対応してくれた。震えに震える指先は肩透かしを食らう。それから固唾を飲んで電話を待った。

1時間、来ない。
2時間、来ない。
3時間…
4時間待った。17時になっても電話は来なかった。
駄目だ。出せない。

（病床にありながらもまだ元気だったころの父と、母と愛犬）

出版社の忙しさは尋常ではない。俺なんぞに割く時間などは無い。

実際、他社で「また連絡差し上げます」というメッセージを貰ったこともあったが、その後連絡などあるはずがなかった。同じだ。

だが俺は諦めが悪い。万一のときのために、前もって受付の方に聞いていたのだ。

ごま書房新社の終業時間は18時だと。病室では母が親父につきっきり、片時も離れようとしなかった。

「ちょっと、外行って来るでね」

「うん」

そう声を掛けると駐車場に置いてあった車に乗り込んだ。

最後の最後に、勝負をかけるためだ。母には何も知らせていない。ステレオで遥奈さんの歌をかける。流れたのは『応援夏』

「応援してくれるのか」

電話中もボリュームを下げ、流しっぱなしにした。

社長はもう帰ってきていた。最初に受付してくれた方はお詫びを言ってくれた。

以前、少し話をし、俺のことを気に入ってくれていた社長は、無名の男の不躾なしつこい売り込みにも嫌な声一つ出さずに対応してくれた。

会話が緩まったところで、意を決して切り出す。

「出版の件、考えていただけませんでしょうか？」

「う～ん、前向きに検討しますよ」

俺は思った。

だめだ。親父の死に際には間に合わなかった。明日には居なくなるのだから。

「…はい、分かりました。お待ちしております」

社長が電話を切る瞬間、呼び止めて打ち明けた。とてつもない形相でだ。嗚咽をあげながら懇願する。

「父が…癌で…癌で明日まで持ちません。だから…、どうか、今、今、今、お返事をいただけませんでしょうか」

(出版を親父に報告し思わずVサイン)

「もちろん厳しい結果だとしても、うっうっうっ、全て受け止めます」

「本当にすみません、すみません、す…」

「そ、それでも…、それでも、お願いします」

体裁など全く考えていられなかった。しゃくりあげて泣いた。

「分かりました」

「そういうことなら…」

「そういうことなら…出しましょう！　出しましょう」

快諾。なんという男気。あまりの有難さにうめき声が抑えられない。泣きじゃくりながら感謝を伝える。社長が笑う。

「あっはっは！　あなた何歳でしたか？」

「43歳になります！」

「ハハハ！　それはいい！」

「一筆書いてメールで送りますね」

そこまでしてくれた。この日が、ごま書房新社の仕事納めだった。

そして病室へと戻る。

病室に帰り母に報告する。あくまで冷静に、あたりまえのような口調で。

「出版できるようになったよ」

「え？」

「今、決まったよ」

彼女はしばらく俺が何を言っているのか理解出来なかった。しかし、やっとのことで意を飲み込むと、少女のような笑顔を浮かべて喜んでくれた。

そして母から親父に報告する。続いて俺も報告した。


親父はもう全く意識がなかったが、俺は看護師から貰っていた言葉を信じていた。

「患者さんは全てわかっています」

確信があった。その頃、動けなくなった二人の親族の見舞いに足しげく通っていたからだ。

「もう何もわからないよ」親族にすらそう言われていたが、俺は絶対に見逃さない。

最後の力を振り絞るように、明らかに自分に伝えるためにしてくれた伯父達の微かな喜びのサインを。

親父も分かる。確信があった。だから報告した。

「本、出せるようになったでね。お父さんのおかげだでね。お父さんの子で良かったやあ」

親父の呼吸が大きくなった。

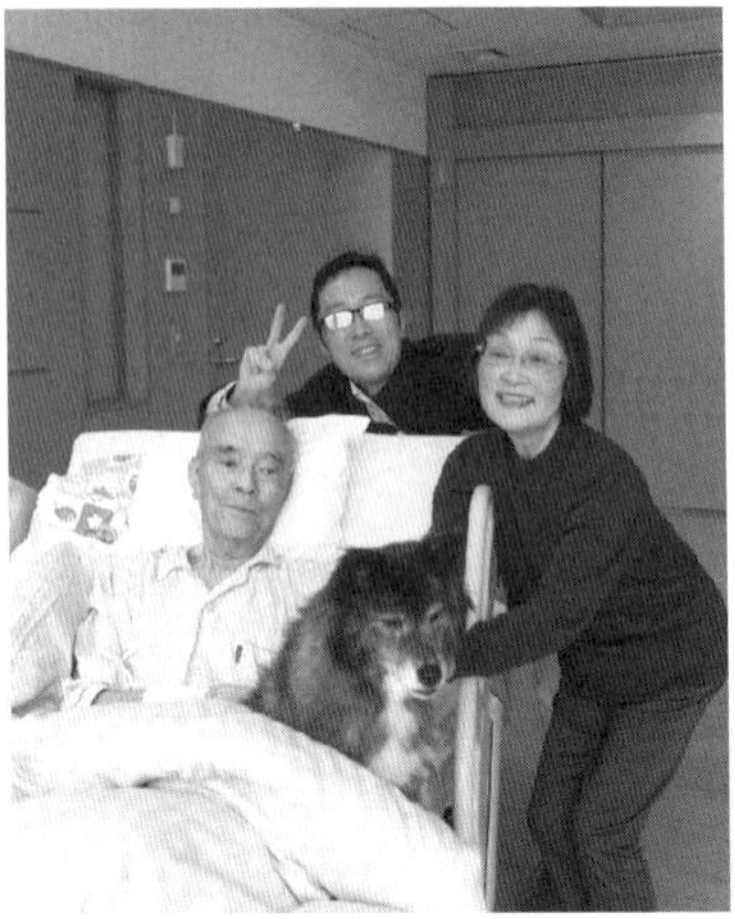
(俺は最後の最後に親孝行できた)

「分かった！　分かったね！　今!!」
「分かったよね!?　分かったよね！　絶対!!」

３人ではしゃぎまくる。病室が一気に明るくなる。最後に親孝行できた。

父のことがなければ電話など出来なかった。絶対に不可能だった。分かった風な顔をして冷静を装い、そのまま諦めていた。

前日まで格好つけて何もしないつもりでいたのだ。

死を賭けて夢をかなえてくれた。

次の日の朝、病室に差し込む朝日と共に、父は息を引き取った。

この場を借りて、ごま書房新社社長、池田雅行氏に感謝を申し上げる。

そして6年ものひきこもりから引き上げてくれた親友たち、そしてまだ小さな仲間たち全てに。

２０１８年12月28日　初めての命日に初稿を脱稿する。

松井　勇人

〈ケーススタディー執筆協力者一覧〉（あいうえお順。肩書はケース執筆当時のものです。）

(有)アクセス　ユープラン　中溝一仁　氏
磐田市女性起業家育成事業　女性のためのとってもやさしい起業セミナー
イラストレーター　純　氏
株式会社エクサス　代表取締役社長　望月徹　氏
株式会社オウケイウイェブOKWave　代表　兼元謙任　氏
起業家アソシエーション　プロジェクト8　代表(有限会社　辻村)辻村泰宏　氏
キャリア教育研究所ドリームゲート　山浦こずえ　氏
シズオカオーケストラ　井上泉　氏
一般社団法人 静岡豊かさ支援協会(ゆたさぽ)の皆々様方
接骨院開業予定　前嶋恭幸　氏
有限会社ビッグスマイル　代表取締役　佐藤英太郎　氏
株式会社　藤枝MYFC　代表取締役社長　小山淳　氏
株式会社ティーエスピー　多田多延子　氏
ヒーリングルーム　anu(アニュ)　静岡県浜松市高塚町　築山由美子　氏
福祉美容師　小林はるみ　氏
マザーヒーリング　小池かおる　氏
Lucy's English Room　田代由利子　氏

ケーススタディー執筆中
エイグローブ株行会社　小粥おさ美　氏
蛯原徒歩　氏
こころん(整体)　中谷よしの　氏
【和~nagomi~】　大場弘枝　氏

脚 注

第 0 勝脚注

※ 1　カウンセリングの神と崇められるカール・ロジャーズの患者たちからもみな、このパターンを読み取ることができる。ただしロジャーズ自身はこの事実に気付いていなかった。
なお、私が読み込んだロジャーズの書籍のうち、手元に残っているものは以下となる。
C.R. ロジャーズ（2005）『カウンセリングと心理療法―実践のための新しい概念（ロジャーズ主要著作集1）』岩崎学術出版社
C.R. ロジャーズ（2005）『クライアント中心療法（ロジャーズ主要著作集2）』岩崎学術出版社
C.R. ロジャーズ（2005）『ロジャーズが語る自己実現の道（ロジャーズ主要著作集3）』岩崎学術出版社
C.R. ロージァズ（1966）『ロージァズ全集〈第 1〉問題児の治療』岩崎学術出版社
C.R. ロージァズ（1966）『ロージァズ全集〈第 2〉カウンセリング』岩崎学術出版社
C.R. ロージァズ（1966）『ロージァズ全集〈第 3〉サイコセラピィ』岩崎学術出版社
カール・ロジャーズ（1984）『人間尊重の心理学』創元社
本山智敬 , 坂中正義 , 三國牧子 , 村山 正治（2015）『ロジャーズの中核三条件 一致：カウンセリングの本質を考える 1』創元社
坂中正義 , 三國牧子 , 本山智敬 , 飯長喜一郎（2015）『ロジャーズの中核三条件 受容：無条件の積極的関心：カウンセリングの本質を考える 2』創元社
三國牧子 , 本山智敬 , 坂中正義 , 野島一彦（2015）『ロジャーズの中核三条件 共感的理解：カウンセリングの本質を考える 3』創元社
佐治守夫 , 飯長喜一郎（2011）『ロジャーズ クライエント中心療法 新版 -- カウンセリングの核心を学ぶ』有斐閣

※ 2　坂中正義 , 三國牧子 , 本山智敬 , 飯長喜一郎（2015）『ロジャーズの中核三条件 受容：無条件の積極的関心：カウンセリングの本質を考える 2』創元社　など

※ 3　Simmel, G.（2004）. The philosophy of money. Routledge.

※ 4　アダム・スミス（2013）『道徳感情論』講談社学術文庫

※ 5　Karl Marx（2008）"Capital (Das Kapital) (English Edition)", Misbach Enterprises, Kindle 版

※ 6　ここの「マルクス凄い」の話はどなたかの受け売りです（汗）はっきりしませんが、経済学者の高橋洋一さんが話していた話だったと思います。

※ 7　柳田國男（1993）『明治大正史 世相篇 新装版』講談社

※ 8　中村元（翻訳）（1978）『ブッダの真理のことば・感興の言葉』岩波文庫 位置 No.22752 中　132

※ 9　Weber, M.（2013）. The Protestant ethic and the spirit of capitalism. Routledge. の chapter2 “the spirit of capitalism” に詳しい。
邦訳：大塚久雄 & 岩波書店（1989）『プロテスタンティズムの倫理と資本主義の精神』岩波書店

※ 10　池上彰（2018）『ニュースの “そもそも” 池上彰の「どうしてこうなった ?」』文藝春秋

※ 11　TIME 誌 2018 年 11 月 26 日／ 12 月 3 日合併号
Divided leaders recall a world at war.（2018, November25, December3）.Time,p.8.

※ 12　カミュ（1963）『異邦人』新潮文庫　160 ページより

※ 13　NEWS ポストセブン　2015 年 12 月 15 日 11：00 分付け　http://www.news-postseven.com/archives/20151215_370385. html

※ 14　WEDGE Infinity　2017 年 12 月 24 日付け　http://wedge.ismedia.jp/articles/-/11490

※ 15　Adler, A.（1931）. What life should mean to you.

※ 16　よしもとばなな（2002）『イタリアンばなな』生活人新書

※ 17　とっても残念だけど、このお店、望月さん閉められました。働き手がどうしても見つからなかったから。

お店が回らなくなってしまった。ただそこから学んだことは、望月さんがこれから本にされます。人材採用の本です。今、採用は本当に大変なんだ。僕の生徒さんのお父さん、望月さん、静岡のかわいい喫茶店、マリアサンクの昭江さんの友達たち3人。みんな働く人が来なくて事業をたたんだ。売上じゃなくて人の問題。ちなみに、昭江さんはそんな中ただ一人、人材採用に困ってらっしゃらないって言ってた。「なぜですか?」って聞くと、そもそも「人が辞めないから」だそう。すげぇ。究極の採用方法だよね

※ 18 Greabner, E. M., 2009. Caveat venditor : Trust asymmetries in acquisitions of entrepreneurial firms. Academy of Management Joutnal, 52 (3) : 435-472.

この論文でグラブナーは2009年、世界の経営学で最も権威のある学術雑誌のうちのひとつ、「アカデミーオブマネジメントジャーナル」の年間最優秀賞を獲得している。

この論について、日本語では以下の本の第6勝に詳しい。

井上達彦(2014)ブラックスワンの経営学:通説をくつがえした世界最優秀ケーススタディ. 日経 BP 社

第 1 勝脚注

※ 1 ポール・タフ(2017)『私たちは子どもに何ができるのか』英知出版 kindle 32/3226

※ 2 Jean M. Twenge (2015) "Time Period and Birth Cohort Differences in Depressive Symptoms in the U.S., 1982–2013" Social Indicators Research April 2015, Volume 121, Issue 2, pp 437–454

※ 3 THE PARLIAMENT MAGAZINE 29 September 2014 https://www.theparliamentmagazine.eu/articles/opinion/depression-affecting-30-million-people-across-eu

※ 3 http://www.mofa.go.jp/mofaj/area/eu/data.html

※ 4 スコット・A・シェーン(2011)『〈起業〉という幻想』白水社

※ 5 Ritsilä, Jari, and Hannu Tervo. "Effects of unemployment on new firm formation: Micro-level panel data evidence from Finland." Small business economics 19.1 (2002): 31-40.

※ 6 Reynolds, Paul D. Labor force participation and residential tenure. Sage: Thousand Oaks, CA, 2004.

※ 7 Dolton, Peter J., and Gerald H. Makepeace. "Self employment among graduates." Bulletin of Economic research 42.1 (1990): 35-54.

※ 8 Johansson, Edvard. "Self-employment and liquidity constraints: Evidence from Finland." The Scandinavian journal of economics (2000): 123-134.

※ 9 Kets De Vries, M. F. R. "The entrepreneurial personality: a person at the crossroads." Journal of management studies 14.1 (1977) : 34-57.

※ 10 スコット・A・シェーン(2011)『〈起業〉という幻想』白水社

※ 11 Ohe, S. and Ohe, T.(1996)"Three Key Experiences of Japanese Entrepreneurs during Their Elementary and Secondary School Years, Paper presented at the Frontiers of Entrepreneurship Research, Bobson College, Wellesley, MA.

※ 12 Christopher Gergen, Gregg Vanourek (2008) "Life Entrepreneurs" Jossey-Bass

※ 13 以下の記述より。

"All of them have experienced failure and dealt with significant setbacks."
Christopher Gergen, Gregg Vanourek (2008) "Life Entrepreneurs" Jossey-Bass
kindle 位置 No.4216 中 259 より

※ 14 De Vries, M. F. R. "The entrepreneurial personality: A person at the crossroads." Journal of management studies 14.1 (1977) : 34-57.

第 2 勝脚注

※ 1　G.W.F. ヘーゲル（1997）『精神現象学（上）（下）』平凡社ライブラリー

※2　例えば以下があげられる。本ケースは 2002 年に執筆。その後改定を重ねているため、少々古い論文であることは否めない。

OECD 1995 ,Best Practice for Small and Medium Sized Enterprises, OECD, Paris.

Chrisman, J.J. and Katrishen, F. 1995, "The Small Business Development Center Program in the USA: A Statistical Analysis of its Impact on Economic Development", Entrepreneurship & Regional Cevelopment, 7, No.2, April-June, PP.143-156.

松田修一 , 大江建（1996）『起業家の輩出—日本型支援システムの構築（シリーズ・ベンチャー企業経営）』日本経済出版社　収録の星野敏、田村真理子両氏の論文。

※ 3　スマントラ ゴシャール , クリストファー・A. バートレット（1999）『個を活かす企業—自己変革を続ける組織の条件』ダイヤモンド社

※ 4　フランクル , V. E.（1961）『夜と霧』みすず書房

第 3 勝脚注

※ 1　http://megmir.blog24.fc2.com/blog-entry-299.html　フランスにおける祝日のエピファニーについてはこのページが詳しかったです。

※ 2　Blank, S.（2013）. The four steps to the epiphany: successful strategies for products that win. BookBaby.

※ 3　スティーブン .G. ブランク（2016）『アントレプレナーの教科書』翔泳社

https://t.co/W2yfyx9ket PDF で無料で手に入ります。

※ 4　Singh, Smita, Patricia Doyle Corner, and Kathryn Pavlovich. "Failed, not finished: A narrative approach to understanding venture failure stigmatization. " Journal of Business Venturing 30.1 (2015): 150-166.

※ 5　王陽明（2005）『伝習録』中公クラシックス　72 条 368 ページより

※ 6　G.J. マナスター　R.J. コルシーニ（1995）『現代アドラー心理学　上・下』春秋社　Kazan S の言葉より。「思いやりは人生に意味と秩序を与える。（著者注：ずっと長い間、思いやりを示し続けられれば）、そういう人の人生には根本的な安定性があり、その人はこの世界で『本来の場所』にいるのである」

※7　Kazan, S. "Adler' s Gemeinschaftgeful and Meyeroff' s caring" Journal of Individual Psychology, 1978, 34, 3-10

G.J. マナスター　R.J. コルシーニ（1995）『現代アドラー心理学　上・下』春秋社　に次のような記述がある。「思いやりとはある人が他者の成長と自己実現を助けていく過程であると Kazan S は述べる」

※ 8　『孟子　尽心編　第1節』より。

（書き下し文）「孟子いわく、その心をつくすものは、その性を知るなり。その性を知れば、すなわち天を知る。その心を存し、その性を養うは、天に使うるゆえんなり。えんじゅうたがはず、身を修めてもってこれを待は、命を立つるゆえんなり、と。」

（ 現代語訳）孟子はおっしゃられた。「心をつくす人は、人の本性が善であると知ることになる。人間の本性を知れば、その本性を与えた天の心を知ることになる。おもいやりの心を失わないように努め（存心）、その心を養い育てていくことは、天の意志にかなっている。すなわち、天に使えていることと同義である。ところで人間には、寿命が短く若死にの人もあれば、長生きする人もある。しかしそのようなことに囚われず、ひたすら身を修めていれば（心をつくして人に接し、思いやりの心を失わないように努め、育ててゆけば）、天から与えられた使命を全うすることが出来る（立命）。「自分がやるべきことが見つからない」という話をしばしば聞くことがある。しかし孟子によれば、思いやりの心で尽くすよう努めれば、自ずと天命に導かれ、果たせるのである。

（参考）
内野熊一郎（1962）『孟子　新釈漢文大系4』明治書院　442 ページ
小林勝人訳注（1968）『孟子　上下』岩波文庫
金谷治（1966）『孟子』岩波新書

※ 9　内野熊一郎（1962）『孟子　新釈漢文大系4』明治書院
吉田賢抗（1960）『新釈漢文大系〈1〉論語』明治書院

※ 10　金谷治（1998）『大学・中庸』岩波文庫

※ 11　https://business.nikkeibp.co.jp/atcl/report/16/030600209/030600006/?P=5

※ 12　ポール・タフ（2017）『私たちは子どもに何ができるのか』英治出版
Semega, J. L., Fontenot, K. R., & Kollar, M. A. (2017). Income and poverty in the United States: 2016. Current Population Reports, 10-11.
タフが書籍で引用している論文は Semega のレポートの 2015 年版である。ここで新たに調査された 2016 年版では景気の回復を受けて、その率は減少している。ただし子供以外も含めた全人口を見てみても、32.6%もの人々が貧困だとされている（Semega, 2016）。

※ 13　1ドル 133.48…円換算です。（2018 年 8 月 26 日のレート）

※ 14　独立行政法人日本学生支援機構　平成 28 年度学生生活調査
https://www.jasso.go.jp/about/statistics/gakusei_chosa/__icsFiles/afieldfile/2018/06/01/data16_2.pdf

※ 15　福田誠治（2006）『競争やめたら学力世界一 ―フィンランド教育の成功』朝日新聞社

※ 16　福田誠治（2006）『競争やめたら学力世界一 ―フィンランド教育の成功』朝日新聞社

※ 17　福田誠治（2006）『競争やめたら学力世界一 ―フィンランド教育の成功』朝日新聞社

※ 18　福田誠治（2006）『競争やめたら学力世界一 ―フィンランド教育の成功』朝日新聞社

※ 19　ラッキーエースさまによる写真です。
ダウンロード元 URLhttps://www.photo-ac.com/main/detail/2036559?title=%E7%B5%90%E6%9D%9F%E3%80%80%E3%82%A4%E3%83%A1%E3%83%BC%E3%82%B8%E7%B4%A0%E6%9D%90#_=_

※ 20　池田貴将 . 図解 モチベーション大百科（Kindle の位置 No.363）. サンクチュアリ出版　Kindle 版（イリノイ大学　イブラヒム・シネイたちの実験より）

第 4 勝脚注

※ 1　Uddin, S., Mori, Y., & Adhikari, P.（2017）. Participatory budgeting in a local government in a vertical society: A Japanese story. International Review of Administrative Sciences. https://doi.org/10.1177/0020852317721335　上のトップジャーナルに掲載。

※ 2　Heidegger Martin（2001）Being and Time. BLACKWELL
実際にはハイデガーは「人は悲しい」事のみを指摘し、「楽しい」ことは指摘していない。これはアドラーが述べたように、人はつらい時でないと「自分とは何なのか」ということなど、考えないためだろう。
Adler, A. (1931). What life should mean to you.

※ 3　Heidegger Martin（2001）Being and Time. BLACKWELL

※ 4　『ブリタニカ国際大百科事典 小項目事典』より　ネットで閲覧が可能です。
https://kotobank.jp/word/%E8%A7%A3%E9%87%88%E5%AD%A6%E7%9A%84%E7%8F%BE%E8%B1%A1%E5%AD%A6-42468

※ 5　Fromm, E.（2013）. The art of loving. Open Road Media　Kindle　27 ページより。「しか

しフロイトは "physiological materialism"『生理学上の物質主義』に落ちいる誤りを犯した(27page)。辛さを取り除くためにに性衝動があり、セックスから生じる脳内化学物質こそが救いの源泉であるとしたのである」。
※6　Adler, A.（1931）. What life should mean to you.
※7　小川 洋子、河合 隼雄（2011）『生きるとは、自分の物語をつくること』新潮社
※8　一般財団法人ベンチャーエンタープライズセンターさまのHPによると、GEMとは以下のようなものです。:GEMとは、「Global Entrepreneurship Monitor」(グローバル・アントレプレナーシップ・モニター)の略で、米国バブソン大学と英国ロンドン大学ビジネススクールの起業研究者達が集い、「正確な起業活動の実態把握」「各国比較の追求」「起業の国家経済に及ぼす影響把握」を目指したプロジェクトチームが実施する調査です。http://www.vec.or.jp/report_statistics/gem/
※9　どういうわけかGEMの2018/2019年版にはこの指数、記載されていなかった
※10　M Simon, SM Houghton, K Aquino. 2000 "Cognitive biases, risk perception, and venture formation: How individuals decide to start companies" Journal of business venturing
※11　ロバート・アープ（2018）『世界の名言名句1001』三省堂
※12　実際には「コントロールの幻想」という項目もあり、全部で3項目の偏向があるとされている。だが、コントロール出来ないものをコントロール出来てしまうと考えることは、1と2で説明可能なため省略してある。
※13　福田誠治（2006）『競争やめたら学力世界一 ―フィンランド教育の成功』朝日新聞社
※14　Kahneman, Daniel. Thinking, Fast and Slow (pp.20-21). Farrar, Straus and Giroux. Kindle版
※15　Krauss, Jane. Thinking Through Project-Based Learning (p.30). SAGE Publications. Kindle版
※17　Zhao, Y. (2012). World class learners: Educating creative and entrepreneurial students. Corwin Press.
※18　金山さんの話は『創業サミット』2019年5月18日静岡県浜松市、於:アクトシティー『創業サミット』にて。
※19　日本人の国民性調査　http://www.ism.ac.jp/kokuminsei/page2/index.html
※20　日経ビジネスオンライン「失敗の評価」に見る文明の差
https://business.nikkeibp.co.jp/article/person/20070215/119093/
※21　ランダル・ストロス（2013）『Yコンビネーター』日経BP社　位置NO.6707中5817
※22　ランダル・ストロス（2013）『Yコンビネーター』日経BP社　位置NO.6707中908
※23　ランダル・ストロス（2013）『Yコンビネーター』日経BP社　位置NO.6707中5297
※24　Wagner, T. (2014). The global achievement gap: Why even our best schools don't teach the new survival skills our children need and what we can do about it. Basic Books.
※25　Zhao, Yong. World class learners: Educating creative and entrepreneurial students. Corwin Press, 2012.
※26　Wagner, T. (2014). The global achievement gap: Why even our best schools don't teach the new survival skills our children need and what we can do about it. Basic Books.
※27　池上嘉彦（1984）『記号論への招待』岩波書店
※28　ジェフリー・A・ティモンズ（1997）『ベンチャー創造の理論と戦略』ダイヤモンド社　5ページより
※29　ジェフリー・A・ティモンズ（1997）『ベンチャー創造の理論と戦略』ダイヤモンド社　5ページより
※30　木村正人（2019, April 20).「終身雇用守るの難しい」トヨタ社長が“限界”発言 テレ朝ニュース (distributed by livedoor NEWS) Website: http://news.livedoor.com/article/detail/16452977/
※31　Zhao, Yong. World class learners: Educating creative and entrepreneurial students. Corwin Press, 2012.
※32　エドワード・L. デシ、リチャード フラスト（1999）『人を伸ばす力』新曜社　には、はっきりと「有能

感」を感じることが大切と述べられている。「自己実現」を謳う人間性心理学。その大家、A. マズローや、衛生要因・動機づけ要因の「二要因性理論」を説いたフレデリック・ハーズバーグにしても同じである。すなわち、人の持つ強い面を承認されることが必要だと説かれている。

※33　たとえば、Jessica Stillman.(n.d.).This Is the Secret Ingredient That Turns Entrepreneurial Dreams Into Reality, According to an MIT Study of 400,000 People. Retrieved March 18, 2019, from https://www.inc.com/jessica-stillman/supportive-family-friends-turn-hobbyists-into-entrepreneurs-mit-research-finds.html

※34　ランダル・ストロス（2013）『Y コンビネーター』日経 BP 社

※35　Adler, A. (1931). What life should mean to you.
あと、ピーター・ティール（2014）『ゼロ・トゥ・ワン』NHK 出版　この本も同じようなことを言ってる。

※36　Drucker, Peter F.. The Effective Executive (Harperbusiness Essentials) (p.6). HarperBusiness. Kindle 版　よりドラッカー学会の先輩、O さんがこう解釈し、僕は唸ったわ。

※37　中村元（翻訳）（1978）『ブッダの真理のことば・感興の言葉』岩波文庫　位置 No.22752 中　132

※38　松井勇人（2018）『起業家の苦闘と意味生成プロセスの研究 ー解釈的現象学的分析によるエピファニーの解明ー』組織学会大会論文集
松井勇人（2017）『起業家の苦闘と意味生成プロセスの研究 ー解釈的現象学的分析によるエピファニーの解明ー』静岡県立大学大学院　修士論文（こちらに詳しい）

※39　Glasser, W. (1999). Choice theory: A new psychology of personal freedom. HarperPerennial.
邦題　ウイリアム・グラッサー（2003）『グラッサー博士の選択理論—幸せな人間関係を築くために』アチーブメント出版

※40　内野熊一郎（1962）『孟子　新釈漢文大系4』明治書院
吉田賢抗（1960）『新釈漢文大系〈1〉論語』明治書院

※41　草笛先生の作品およびオーバルハウスさまの作品は全て写真掲載許可済みです。

※42　2019 年 4 月 7 日　掛川にある大日本報徳社さまの常会での講演。その後でさせていただいたインタビューより。

第 5 勝脚注

※1　ああちゃん , さやか（ビリギャル）（2015）『ダメ親と呼ばれても学年ビリの 3 人の子を信じてどん底家族を再生させた母の話』KADOKAWA

※2　Alexander, B. K. (2001). The roots of addiction in free market society (pp. 1-31). Vancouver, BC: Canadian Centre for Policy Alternatives.
本書は以下の URL から PDF で無料で手に入れることが出来る。　http://www.cfdp.ca/roots.pdf

※3　河合隼雄（1997）『子どもと悪 (今ここに生きる子ども)』岩波書店

※4　内野熊一郎（1962）『孟子　新釈漢文大系4』明治書院

※5　Fromm, E. (2013). The art of loving. Open Road Media Kindle

※6　フロムの書籍の以下の記述より。
God explains to Jonah that the essence of love is to "labor" for something and "to make something grow," that love and labor are inseparable.
Fromm, Erich. The Art of Loving (p.22). Open Road Media. Kindle 版

※7　地橋秀雄（2006）『ブッダの瞑想法—ヴィパッサナー瞑想の理論と実践』春秋社

※8　西田 幾多郎 . 善の研究 (Kindle の位置 No.141-142). Kindle 版
「要するに 経験 の 意味 とか 判断 とかいう のは 他 との 関係 を 示す に すぎ ぬ ので、経験 其者 の 内容 を 豊富 に する のでは ない」。

※9　ADLER, ALFRED. WHAT LIFE COULD MEAN TO YOU (Timeless Wisdom Collection Book 196). Business and Leadership Publishing. Kindle 版
※10　G.W.F. ヘーゲル（1997）『精神現象学（上）（下）』平凡社ライブラリー
※11　このパラグラフの記述は以下の2つの書籍によります。
Adler, A. (1931). What life should mean to you.
G.J. マナスター　R.J. コルシーニ（1995）『現代アドラー心理学　上・下』春秋社
※12　安岡正篤（1988）『易と人生哲学』致知選書
※13　金原明善資料館所蔵資料、『東本願寺に於ける演舌』より
※14　日本聖書協会、共同訳聖書実行委員会（2015）『聖書　新共同訳　新約聖書』Kindle 版より
※15　フィリピの信徒への手紙　2勝より
※16　Durkheim, E. (2005). Suicide: A study in sociology. Routledge.　アノミーの英単語は “anomy”。
※17　G.W.F. ヘーゲル（1997）『精神現象学（上）（下）』平凡社ライブラリー
※18　G.W.F. ヘーゲル（1997）『精神現象学（上）（下）』平凡社ライブラリー
※19　Llewelyn, J. (2003). Emmanuel Levinas: The genealogy of ethics. Routledge.
「始原の遅れ」という訳は、レヴィナスの弟子、内田樹先生の言葉。
https://www.toibito.com/interview/humanities/science-of-religion/1006/3
この記事を最初から読みたい方は以下からどうぞ!
https://www.toibito.com/interview/humanities/science-of-religion/1005
※20　Fromm, Erich. The Art of Loving (p.22). Open Road Media. Kindle 版
※21　Edersheim, E. H. (2007). The definitive drucker (Vol. 162). New York, NY: McGraw-Hill. 259page
（邦訳）エリザベス・ハース・イーダスハイム（2007）『P.F. ドラッカー――理想企業を求めて』ダイヤモンド社
※22　中村元、紀野一義 (1960)『般若心経・金剛般若経』岩波書店
般若心境には、「それを読んだら4行詩にまとめろ」と述べられてる。
※23　鎌田正、米山寅太郎 (1992)『大漢語林』大修館書店　524 ページ
※24　藤堂明保 (1978)『学研漢和大辞典』学習研究社　483 ページ
この慈悲については静岡県焼津市、大覚寺さまの看板にあった説法が参考になりました。
※25　G.W.F. ヘーゲル（1997）『精神現象学（上）（下）』平凡社ライブラリー
※26　Glasser, W. (1999). Choice theory: A new psychology of personal freedom. HarperPerennial.
邦題　ウイリアム・グラッサー（2003）『グラッサー博士の選択理論―幸せな人間関係を築くために』アチーブメント出版
※27　道元、石井恭二（訳）(1996)『正法眼蔵 1』河出書房新社
※28　キルケゴール（1975）『死にいたる病／現代の批判』白水社
※29　吉田賢抗（1960）『新釈漢文大系〈1〉論語』明治書院
※30　ユング（2011）『分析心理学・自我と無意識』イースト・プレス
※31　C.G. ユング（1988）『ヨブへの答え』みすず書房 訳者の林道義氏の序文より
※32　C.G. ユング（1988）『ヨブへの答え』みすず書房
※33　新世界訳聖書　ヨブ記1章より。
エホバの証人：(2019).Retrieved June 19,2019, from
https://www.jw.org/ja/%E5%87%BA%E7%89%88%E7%89%A9/%E8%81%96%E6%9B%B8/nwt/%E5%90%84%E6%9B%B8/%E3%83%A8%E3%83%96/1/
※34　エホバの証人：(2019).Retrieved June 19,2019, from
https://www.jw.org/ja/%E5%87%BA%E7%89%88%E7%89%A9/%E8%81%96%E6%9B

%B8/nwt/%E5%90%84%E6%9B%B8/%E3%83%A8%E3%83%96/2/

※35　新日本聖書刊行会 (2014)『旧約聖書　新改訳』Kindle 版より　位置 No.42227/70764

※36　Fromm, E. (2013). You shall be as gods: A radical interpretation of the Old Testament and its tradition. Open Road Media.
の appendix でフロムもまたキリストの絶望の言葉の意味を考察している。フロムはキリストが絶望の言葉を吐いたのではなく、代わりに讃美歌の22番、解放の歌を歌ったとしている。その歌とは以下である。"Posterity shall serve him; men shall tell of the Lord to the coming generation; men proclaim his deliverance to a people yet unborn, that he has wrought it"
【私訳】「後世のものは彼に仕えることとなる。人々は新しい主の物語をつくらん。人こそが彼の解放を宣言する。まだ生まれていない人々に対する（愛による）解放を。彼キリストがそれをしたんだ」。
フロムは、「マタイ伝の記述そのものが間違っていて、キリストは絶望の言葉を吐いておらず、その代わりに讃美歌22番を歌っていた」としたが、考えられない。咎の必要性を否定してしまうからだ。そこから愛は生まれないからだ。この讃美歌は、愛を得た新しい神を賛美するものとしか僕には捉えられない。フロムの言う論、すなわち「キリストは絶望の言葉を吐いたのではなく、讃美歌22番を歌った」は間違っているのだと僕はとる。

第6勝脚注

※1　もともとの記述はもっと硬い言葉になっています。「主観を共有される経験を通してトラウマを克服し、自らも他者の主観を共有することで支援を行うこと。すなわち気持ちを通じ合わせる連鎖を起こすことで志を得る」。

※2　東京大学教養学部統計学教室（1991）『統計学入門（基礎統計学 1）』東京大学出版会
202 ページ　自由度が 30 あれば正規分布と見分けがつかない放物線を描く。

※3　Adler, A. (1931). What life should mean to you.

※4　Adler, A. (1931). What life should mean to you.

※5　ダライ・ラマ14世 , グレート・ザ・歌舞伎町（2006）『抱くことば』イースト・プレス　24 ページ

※6　中村元（翻訳）（1978）『ブッダの真理のことば・感興の言葉』岩波文庫　位置 No.22752 中　132

※7　Adler, A. (1931). What life should mean to you.

※8　吉田賢抗（1960）『論語　新釈漢文大系』明治書院　19 ページの余説より「親の愛情の深さは、むしろ溺愛のあやまちさえ犯す。大切なことは子が親に対してどういう態度をとるかということであって、古来の哲人の思想はここに端を発する」。難しいけど、親御さんへの態度を哲学しなきゃいけないほど苦労されたってことだ。「孔子の理想とする先王の学の根本も、ここにあったのだろうし、」と続く。孔子が理想とした孔子よりはるか昔の王さまたち（尭や舜）もそうだったわけだ。

※9　道元、石井恭二（訳）（1996）『正法眼蔵 1』河出書房新社

※10　金谷治 (（1998）『大学・中庸』岩波文庫

※11　Heidegger Martin (2001) Being and Time. BLACKWELL

第7勝脚注

※1　榎本硬一さまが完全ご厚意で瞑想会を主催。料金はドネーション形式（完全寄付制・お布施）

※2　日本聖書協会 (2015)『聖書　新共同訳　新約聖書』日本聖書協会　Kindle 版
マタイ 5 勝 39 節「だれかがあなたの右の頬を打つなら、左の頬をも向けなさい」

第8勝脚注

※1　Fetterman, A. K., Robinson, M. D., & Ode, S. (2015). Interpersonal arrogance and the incentive salience of power versus affiliation cues. European Journal of Personality,

29(1), 28-41. doi:10.1002/per.1977

※2　岸見一郎, & 古賀史健.（2013）. 嫌われる勇気：自己啓発の源流「アドラー」の教え. ダイヤモンド社より　アドラーの表現とは微妙に違うけど、超訳として超秀逸だわ、この言葉!

第9勝脚注

※1　吉野敬介（2004）『だからおまえは落ちるんだ、やれ！　―暴走族から予備校講師になったオレの爆言』（ロングセラーズ刊）でも読んだ。吉野先生の講座はモグリで出たことがあるけど、あんまり臭い言葉は言わない感じだったっけ。ギャグは多かった。

※2　小山さんのケーススタディーの一部抜粋です。全文は僕のブログにあります。記事のURLは以下だよ。
http://naniwa1001.blog108.fc2.com/blog-entry-52.html

※3　吉田松陰、近藤啓吾（1979）『講孟劄記（上・下）』講談社学術文庫　の中で、松陰先生は「中庸って止揚(アウフヘーベン)のことだ」って言ってるけど、ちょい無理があると思ってるんだわ。クソ生意気言ってすみません。死ぬほど松陰先生尊敬してます!!

※4　金谷治. 大学・中庸（岩波文庫）（Kindleの位置No.3335-3338）. 株式会社 岩波書店. Kindle版
原文を14歳が読みやすいように改変させていただいています。原文は以下になります。

「聡明な人は〔知恵にまかせて〕出過ぎたことをし、愚かな者は〔よくわからないで〕そこまで実行が及ばないからだ。人としての正しい道が世間ではっきり認識されないのは、私にはその理由がわかっている。すぐれた人は〔才能にまかせ て〕出過ぎた理解をし、劣った者はそこまで理解が及ばないからだ」。

※5　Adler, A. (1931). What life should mean to you.

第10勝脚注

※1　吉田賢抗（1960）『新釈漢文大系〈1〉論語』明治書院

※2　三島由紀夫『革命哲学としての陽明学』
http://www.marino.ne.jp/~rendaico/kodaishi/nihonseishinco/mishimayukioco/yomeigakuco.html

※3　三省堂編修所（2013）『新明解四字熟語辞典 第二版』三省堂

※4　松村明 編集（2006）『大辞林 第三版』三省堂

※5　王陽明（2005）『伝習録』中公クラシックス

※6　王陽明（2005）『伝習録』中公クラシックス（23ページ）

※7　王陽明（2005）『伝習録』中公クラシックス

※8　西田幾多郎『善の研究』Kindle版（この本はなんと無料なのだ!）

※9　西田幾多郎『善の研究』Kindle版　位置No.2215/2677
長谷井超山、『陽明学』七七号、大正4年
王陽明(2005)『伝習録』中公クラシックス（23ページを参照した）

※10　西田幾多郎『善の研究』Kindle版　位置No.2215/26771

※11　韓国銀行（2008）『日本企業の長寿要因および示唆点』（韓国銀行は日本の日銀に当たる韓国の中央銀行です）

※12　舘岡康雄, & 崎山みゆき.(2008). 企業活動における「共感力」の重要性. 経営システム＝Management systems: a journal of Japan Industrial Management Association, 17(6), 428-431.

※13　浜松の税理士法人「We will」の杉浦直樹さまより

<著者プロフィール>

松井 勇人（まつい はやと）

3年浪人し大学へ。大学院中退後、39歳で再度入学し無事修了。転職11社うち解雇5回。重度鬱と不眠により6年間ひきこもり。地元寺院、可睡斎さまの「安眠守り（500円）」をいただいた夜より、全く薬なしで眠れるようになる。心ある人たちの助けを得て復活。復活しすぎて異常なほどの元気を得る。学習塾omiiko、通称「男塾」創業。19年5月時点全財産が800円。男塾塾長。

2000年3月　立命館大学政策科学部卒業

2017年9月　静岡県立大学大学院　経営情報イノベーション研究科修了　学術修士

学会発表

2018年　組織学会　（東京大学）

起業家の苦闘と意味生成プロセスの研究

−解釈的現象学的分析（IPA）によるエピファニーの解明−　発表者：松井勇人

14歳のキミに贈る
起業家という激烈バカの生き方

著　者	松井 勇人
発 行 者	池田 雅行
発 行 所	株式会社 ごま書房新社 〒101-0031 東京都千代田区東神田 1-5-5 マルキビル 7F TEL 03-3865-8641（代） FAX 03-3865-8643
カバーデザイン	（株）オセロ 大谷 浩之
ＤＴＰ	ビーイング 田中 敏子
印刷・製本	創栄図書印刷株式会社

ISBN978-4-341-08741-8 C0030